青少年百科知识文

未解之谜 · 中国名人悬谜

UNSOLVED MYSTERY

司马袁茵◎编著

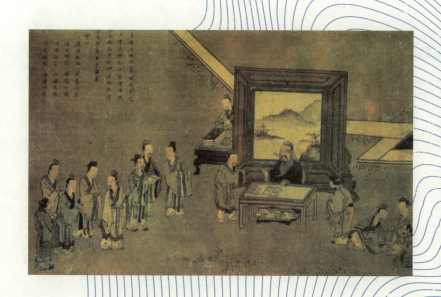

河南人民出版社

图书在版编目（CIP）数据

中国名人悬谜/司马袁茵编著. --郑州：河南人
民出版社，2014.11
（青少年百科知识文库．未解之谜）
ISBN 978-7-215-09062-0

Ⅰ．①中．Ⅱ．①司．Ⅲ．①名人－生平事迹－中国－青少年
读物 Ⅳ．①K82-49

中国版本图书馆CIP数据核字(2014)第258384号

设计制作：崔新颖　王玉峰
图片提供：◍ fotolia

河南人民出版社出版发行

（地址：郑州市经五路66号　　邮政编码：450002　电话：65788036）
新华书店经销　　永清县晔盛亚胶印有限公司 印刷
开本 710毫米×1000毫米　　　　1/16　　　印张 9
字数 128千字　　　插页　　　印数 1-6000册
2014 年 11 月第 1 版　　　　2015 年 4 月第 1 次印刷

定价：29.80 元

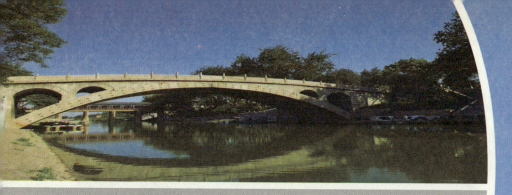

目录 CONTENTS

Part ❶ 文化科技名人之谜

Part ② 著名女性之谜

Part ③ 历朝皇帝之谜

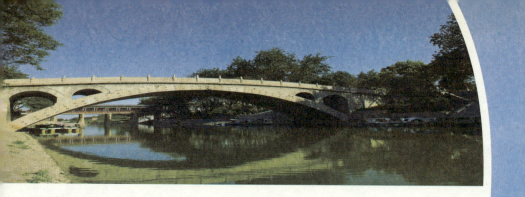

Part ④ 文臣武将之谜

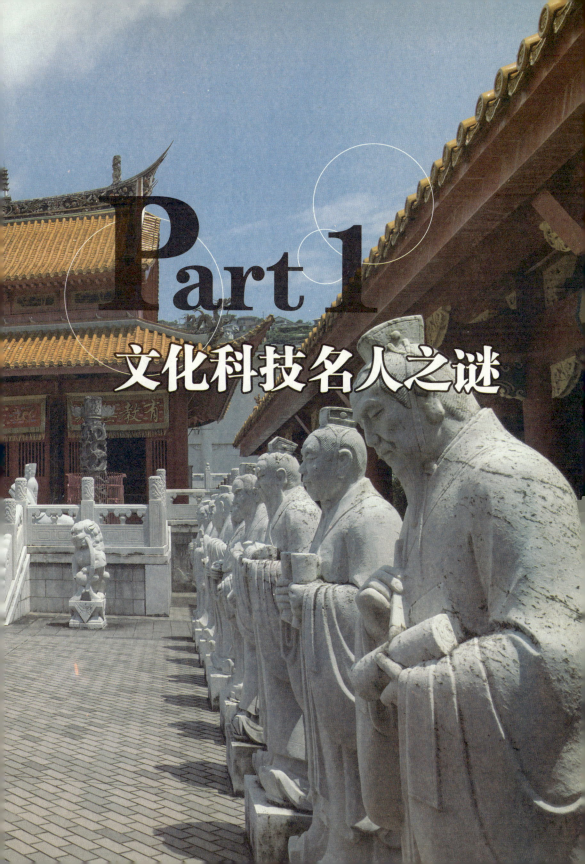

Part 1

文化科技名人之谜

《国语》的作者是左丘明吗

《国语》是我国最早的一部国别体史书，共有21卷，分别记载了西周末年和春秋时期周、鲁、齐、晋、郑、楚、吴、越等八国的史事。这部书以记述人物的言论、对话为主，其中有不少脍炙人口的历史故事。如召公谏厉王止谤（《周语》）、勾践卧薪尝胆终于灭吴（《越语》）、管仲帮助齐桓公称霸（《齐语》）等等，被后人传诵。《国语》不仅对研究春秋战国时期历史有重要价值，其生动幽默的语言也对后世文学产生了积极的影响。但《国语》的作者是谁历来是各位学者争论不休的话题。

西汉大史学家司马迁说："左丘失明，厥有《国语》。"（《报任安书》）东汉史学家班固也说，左丘明在写完《左传》之

↑ 左丘明雕像

后，"又纂异同为《国语》"（《汉书·司马迁传赞》）。三国时吴人韦昭在为《国语》作注释时，在序文中也认为左丘明作《国语》。唐代史学家刘知几也持有同样的见解，认为"《国语》家者，其先亦出于左丘明。"（《史通·六家》）但在刘知几之后的唐代大文学家柳宗元首先提出了相反意见。他写有《国语》二篇，否定左

↑　左丘明画像

丘明为《国语》作者。从此，宋人刘世安、吕大光、朱熹、郑樵，直至清人尤侗、皮锡瑞等，也都对左氏作《国语》的传说产生了怀疑。

在现代学者中，对这个问题的认识分歧依然存在。徐中舒认为《左传》、《国语》"此两书其中大部分史料都应出于左丘明的传诵。古代学术，最重传授系统，谁是最初传授者，谁就是作书的人"（《〈左传〉的作者及其成书年代》）。张孟伦认为："《国语》是左氏编纂的。司马迁不但用它做过《史记》的资料，而且在《自序》里说过'左氏失明，厥有《国语》'。这就不但告诉了我们《国语》是丘明编纂的，而且是他失明后'发愤之所作为'的，我们也就不必再有什么怀疑了。"他又说："汉、魏各学者钻研《国语》，又做过精密注释工作，都没有怀疑《国语》是出自左氏的；

宋儒宋庠作《国语补音》，也以为这种看法是很正确的。"李宗邺认为，"汉距春秋甚近，汉人妄自尊大《国语》是左丘明作的，当为可信"（《中国历史要籍介绍》）。

但也有不少学者不同意上面诸位学者的说法。王树民认为："《国语》和《左传》以不同的形式叙述了基本上同时期的史事，这一点很受世人的重视。自从《左传》为经学家所尊奉，于是《国语》也称为《春秋外传》，并说为左丘明所作，其说实无根据。"又说，"《国语》为汇编之书，非出一时一人之手，这从本书的形式和内容方面，都可以得到充分的证明。"又说，"各篇的作者和全书的编者，现都已无从查考，也就不必强求了。"（见《史部要籍解题》）顾志华认为："《国语》是一部汇编之书，它仅仅反映了春秋时期的八个国家，其中每个国家所记史事详略不同，写法也不相同，不像出自一个人的手笔，很可能是当时各国史官把史事记下来后，有人在这些材料的基础上进行整理、加工、润色而成的。至于最后定稿者是谁，就不得而知了。《国语》的成书年代也已不能确定，大致是在战国初年，各篇先后有所不同。"（《中国史学名著题解·国语》）

由于双方若要说服对方，都还必须更深入地考证左丘明的确切生活年代及事迹，还要更加详细地对比分析《左传》、《国语》在记载史事方面的异同，包括书法体例、语言风格、思想观点等等。探究《国语》的作者究竟是谁成为史学界的一大难题，也将成为提高《左传》和《国语》研究水平的一个重要环节。

屈原自沉汨罗江之谜

屈原（约公元前340—约前278年），战国末期楚国人，名平，字原，楚武王熊通之子屈瑕的后代，丹阳（今湖北秭归）人，是我国历史上一位伟大的爱国诗人，也是一个学识渊博、目光深远的政治家。屈原在担任三闾大夫和左徒期间，心系苍生社稷，力主改革朝政、联齐抗秦，由于在内政外交上与楚国腐朽贵族势力发生尖锐的矛盾，遭到上官大夫等人的妒忌、诬陷，最终导致与楚怀王的疏远，两次遭到流放，被逐出郢都。但他始终念念不忘自己的祖国，希望楚怀王和

↑ 屈原雕像

后来执政的顷襄王召回自己，为国尽力。最后在楚国郢都被秦国将领白起攻破之后，他不忍心看着祖国灭亡，投汨罗江自尽，用生命谱写了一曲千古悲歌。关于屈原自沉汨罗江的原因，历来有诸多说法，却都相差

甚远，恐怕是因所选择的分析角度不同所致，总括起来看，主要有四种。

1."殉国说"

"殉国说"以清代学者王夫之和现代历史学家郭沫若为代表。王夫之在《楚辞通释》中认为，屈原所以写下著名的诗章《哀郢》，是由于哀叹郢都的陷落，宗庙社稷成为荒丘废墟，人民流离失所，顷襄王不能拼死抵抗秦军，楚国灭亡指日可待。据此，现代的屈赋研究者大都认为，屈原投江是因为秦军攻破楚国都城，屈原不忍亲眼目睹国家灭亡，故而投江殉国。郭沫若在《屈原考》中写道："就在郢都被攻破的那一年，屈原写了一篇《哀郢》……他看不过国破家亡，百姓颠沛流离的苦状，才悲愤自杀的。"他在《伟大的爱国诗人—屈原》中写道："屈原的自杀，事实上是殉国难。"

2."殉道说"

"殉道说"以近人曲沐为代表。他认为"屈原的自杀原因无非来自两个方面：一是社会政治的黑暗；一是性格的刚直，是生命在与现实的撞击中而毁灭"。"屈原是出身于华族贵胄的政治家，其理想中的'明君'、'哲王'已不复存在。面对楚怀王、顷襄王这样的昏君，其抱负与志向无法实现，加之群小的谗言，因而愤懑不平，牢骚罹忧"。屈原是战国时代应运而生的一位别具特色的"士"。

← 屈原故里

他的人格力量在于他坚持"人道自任"的理念和对自身的"内美"、"修能"的不可动摇的认知，义无反顾地坚持理想。宁为玉碎，不为瓦全。所以只身赴死，以求得精神上的圆满。

3."尸谏说"

"尸谏说"以近人王之江为代表。持此说的人认为屈原看到楚国"党人"横行，百姓看不到希望，朝中没有忠良之臣，国家没有守备外敌的力量，楚国将面临亡国大祸。满怀救国大志的屈原却遭谗言而被流放，报国无门的他没办法身谏楚王，哀叹报国之志无法实现。绝望的屈原决心以死来震醒昏君。屈原在《离骚》篇末有"吾将从彭咸之居"。彭咸是殷朝有名的贤士大夫。他曾忠心劝谏国君，遭到漠视，最后愤然投水而死。由此看来屈原之死是"尸谏"，是向彭咸学习而来的。

4."洁身说"

屈原为国君昏庸而痛心，不愿看着"党人"乱政，葬送楚国锦绣河山，加之长期的放逐生活，身心交瘁，再无重返朝廷、实施理想"美政"的希望。为了保持清白高洁的操守，捍卫自己所毕生追求的理想，终于带着不尽的遗憾，愤然投身汨罗江中。淮南王刘安的《离骚传》曾赞叹屈原不肯在浊世中苟活，故而"蝉蜕于污秽"，献出了自己的生命。综观以上说法，屈原愤然自尽的内因似应是理想破灭后的"绝望"。这样的死，当然不是怯懦或逃避对祖国的责任，而是对现实清醒的认知，是屈原坚守气节的最终追求。

以上说法似乎都有道理，但是目前仍然很难将其中一种说法作为屈原投江自杀的真正原因。

墨子是哪里人

墨子是先秦时期声望仅次于孔子的大思想家。关于墨子的国籍，历来有鲁人说、宋人说、楚人说种种，虽众说不一，但一般都认为他是中国人，这似乎是毫无疑义的。但在充满争鸣气氛的 20 世纪，墨子是不是中国人居然也成了问题。认为墨子是外国人的有两种观点，一种认为墨子是印度人，另一种认为墨子是阿拉伯人。

胡怀琛发表在《东方杂志》上《墨翟为印度人辨》的文章，提出墨

↑　墨子画像

子是印度人。他的主要论据有：第一："墨"为"貊"之转音，或"蛮"之转音，"翟"是"狄"的异文，因而"墨翟"就是"貊狄"或"蛮狄"，这是当时人们对不知姓名的外国人的称呼。那么为什么认定墨子是印度人呢？因为墨即是黑，墨子面孔黧黑，故称墨翟，而印度人本为棕色皮肤，

在当时人看来便是黑色了。假定墨子因为穿黑衣而有墨翟之称，而僧衣即是黑色，亦证墨子是印度人。第二，墨子的主要主张如"兼爱"、"非攻"、"节用"等，无一不与佛学相合，又如"天志"、"明鬼"，其所谓天、鬼者即佛学所谓佛与菩萨。第三，墨经中的名学即印度佛教的因明学。第四，孟子骂墨子"无父"，这正表明墨子是出家人即佛教徒。第五，孟子说墨子"摩顶放踵，利天下为之"，摩顶即秃顶，也就是和尚，放踵即赤足，这也是佛家的装束。第六，《淮南子》说墨者"皆可使赴汤蹈火，死不旋踵"，这种无我的牺牲精神，非佛教徒不能有。第七，墨家首领称为"钜子"，代代相传，由前任指定后任，一如佛教禅宗的衣钵相传。第八，墨子弟子的姓名多极怪僻，如隋巢子、胡非子、我子、缠子等，索庐参更似译音，故疑墨子弟子之名亦如后世僧人的法号。

金祖同等学者则提出了墨子是阿拉伯回教徒的看法。他们认为，穆罕默德创立回教（伊斯兰教）之时，正当中国的南北朝，但穆罕默德实为回教中最后的圣人，是回教的集大成者，所以提起回教必称穆圣，好比提起儒家必称孔子一样。其实孔子的学说也有渊源，他是集尧舜禹汤文武之大成。墨子活动的年代正当回族强盛之时，派遣教士由君士坦丁堡经蒙古进入中原，或由阿富汗、印度进入中国传教是完全可能的。《墨子》书通篇都是宗教家言论，所论与伊斯兰教相合，因而墨子极有可能是阿拉伯回教徒，是回教早期派到中国的传教士。他们对《墨子》书中的文法进行了研究，认为其中有许多特殊文句，与中国边境民族及外国文句法相近，特别是与回文相近，这也说明墨子是阿拉伯回教徒。

以上关于墨子非中国人的各种观点一经提出，便在学术界引起了争论，迄今尚无定论。

鲁班与公输般是同一个人吗

　　鲁班是我国古代杰出的民间工艺家，是木工、石工、泥瓦工等工匠的共同祖师爷。他大约是春秋末期人。关于鲁班的传说，先秦时期形成一部分，汉唐时代也记载了一部分，直到宋、明才有了较完整的资料。

　　一般书刊上都把鲁班和公输般视为一个人，姓公输氏，名般。因为他是鲁国人，所以也叫鲁班或鲁公输般。我国古语中盘、般、班三字通用。

　　据《墨子·鲁问》记载："公输子削竹木以为鹊，成而飞之，三日不下。"这大概就是后来民间的风筝。《墨子·公输》记载："公输般为楚造云梯之械成，将以攻宋。"墨子就在楚王面前与公输般较量了一个攻宋的打算，结果墨子赢了，楚国就停止了攻宋。

　　山东济南千佛山（原称历山）有鲁班庙，人们把他当做神人供奉，目的是纪念他为人类所作出的贡献。

　　东汉赵岐注《孟子》时说："公输子鲁班，鲁之巧人也，或以为鲁昭公之子。"这说明，鲁班可能是鲁国国王昭公的儿子。桓宽《盐铁论·贫富篇》说："公输子能因人主之材木，以构宫室台榭，而不能自为专屋狭庐，材不足也。"这又说明公输般不是鲁昭公的儿子，他只能为富贵者建筑宫室台榭，自己却穷得连简陋的草房也盖不起来。

《礼记·檀记下》记载：季康子之母死了。这时还很年轻的公输若就提出对敛尸下葬的办法进行改革。守旧的公肩亿极力反对改革，因而公输若的改革方案不能实行。有人说这个公输若就是公输般或鲁班，般为名，若是字，也有人不同意这种看法。

还有另外一种说法：唐代段成式《酉阳杂俎》记载："鲁般者，肃州敦煌人，莫详年代，巧侔造化。于凉州造浮图，作木鸢，每击楔三下，乘之以归。"这个鲁班，可能就是古代的鳍班传说，也可能是一个学鲁班的人，同时又是一个巫师，是敦煌人。

↑　鲁班画像

卢南乔教授主张鲁班、公输般是一个人，他根据有关鲁班、公输般、公输若的 13 个传说故事所涉及的人物——季康子、鲁公，楚王、宋公、墨子，推定鲁班是春秋战国之交即公元前 510 年—前 440 年左右的人（《山东古代科技人物论集》）。

也有人认为鲁班、公输般是两个人。晋人葛洪《抱朴子·辨问篇》说："班（鲁班）、输（公输般）……机械之圣也。"葛洪在这里把鲁班、公输般视为两人。《古乐府》诗："谁能为此器，公输与鲁班。"因此，他们主张不能将公输般的发明创造记到鲁班的头上。

明代罗欣《物源·器原篇》说，鲁班作砻、磨、碾子，猾站窗以辅首。公输般作铠、钻、隐括。一

↑ 赵州桥

两千年来，生产、生活和作战所用的器具，都传说是鲁班发明的，这不能作为信史。

有人认为鲁班造了赵州桥、卢沟桥。据说鲁班曾与妹妹比赛，在一夜之内（以鸡鸣为限）要修三座桥。鲁班将赵州桥、卢沟桥修好以后，正在修第三座桥，妹妹怕他累坏了，就学着鸡叫。鲁班以为真的鸡叫，就停了工。这座未竣工的桥，就是鸡鸣驿的石桥（见中国民间文艺研究会、北京文联合编《北京传说故事资料》第3集）。

据说，五台山的悬空寺、绍兴的北海桥、桂林的花桥、北京天坛祈年殿等都是鲁班修的或鲁班指导修建的。有些地方的自然名胜，也说是鲁班的遗迹，如长江上的瞿塘峡岩穴间露出一块匣子样子的石头，传说是鲁班的风箱。

古书记载把很多发明创造都集中到鲁班这一历史传说人物身上。这些，只能算是民间传说而已。因此，鲁班、公输般到底是一个人还是两个人仍是一个悬案。

韩非死于何因

韩非是战国末期著名的法家集大成者。他曾得秦王政的赏识。然而，当韩非真的来到秦国后，却被送到牢狱，且不久即遭到杀害。那么，韩非为什么被诛杀？此间原因是一个令人难解的谜。

近来，对此历史悬案多有争议。普遍认为，韩非之死是出于李斯嫉妒其才能之缘故。因为韩非、李斯都是荀子的学生，但是李斯却认为自己的才能不如韩非。很自然地，当李斯得知秦王政如此看重韩非的才能时，怕自己的地位被韩非取代，故生嫉妒之心，伙同姚贾对韩非进行诬陷，并最终置韩非于死地。其方法依《史记·老庄申韩列传》中记载，乃是李斯使人在韩非的饭里下了毒药。

有人认为，《史记》中的记载实为不确，因为当年向秦王政力荐韩非，

↑ 韩非画像

而致秦王政认为"得见此人与游，死不恨矣"的那个人正是李斯，李斯不是那种嫉贤的小人。且韩非被杀，是在秦王政尚未任用的情况下发生的，当时韩非对李斯并未构成"威胁"。事实上李斯即使在秦二世上台后，仍然劝二世行申韩之术，因此李斯对韩非是持敬重态度的。

还有一种看法认为，韩非被诛杀是咎由自取，原因就在于韩非千方百计地阻碍秦国的统一大业。具体地说，韩非到秦国后，即写《上秦王书》，破坏李斯之计，试图把秦国的武装力量引向赵国，以达到存韩的目的。同时，韩非还在秦王面前离间秦之君臣，对即将回国的姚贾进行人身攻击，说他是"梁之大盗，赵之逐臣"。在这种情况下，秦始皇终于下了决心，将韩非处死。有关此事的记载，在《战国策·秦策》、《韩非·存韩》等史籍中都有说明。

但也有人不同意这种说法。他们认为，《战国策》一书极为庞杂，司马迁对史料选择极为谨慎，他不选《战国策》中有关韩非的记述，乃是由于司马迁对此持有怀疑态度。另外，韩非不擅讲话，患有口吃，在韩国时只能以书谏韩王，为何到秦国后却能口若悬河，与人唇枪舌剑地对仗起来？可见这一说法不可信。

看来，韩非被诛杀的具体原因很复杂，这个谜有待于历史研究的深入，方能逐步得以澄清。

蔡伦一人两墓之谜

　　1985 年 12 月 4 日，新华社从西安发出一则电讯稿："经过整修的中国造纸术首创者蔡伦墓和蔡伦祠即将正式开放。"文中谈及"蔡伦的墓和祠就修在他的封地——陕西洋县龙亭铺"。"有关方面对蔡伦墓加高了墓冢，对周长为 94 米的墓沿重新包砌；修复了蔡公祠大殿并加以彩绘，对祠内原有和几十株古柏和汉桂也采取了相应的保护措施。"这就是说，在陕西洋县有一处蔡伦墓和祠。

←　蔡伦墓

但是在湖南耒阳县也有一处蔡伦墓和蔡侯祠。此处墓、祠的情况是：从耒阳火车站向县城方向走，不过七八里，有个蔡侯祠，相传为蔡伦故居。是一幢平房院子，青砖青瓦，大门两旁的石柱上刻有一副对联："芳池月映、故宅风存。"房檐上镶着蓝色的玻璃瓦档，为 600 多年前的旧祠遗物。蔡侯祠最初建造年代不详，传说曾被洪水冲毁。到元代至元

↑ 蔡伦画像

四年（1338 年）知州陈宗义加以兴建，以后又毁了。现祠为清代建筑。

在蔡侯祠的正前方，有一长方形水池，长约 100 米，宽约 50 米，名曰蔡子池，相传是蔡伦洗刷造纸用具和漂洗纸张的水池。蔡伦少小离家，是否在此造过纸，很难说，也许是因物造典。

蔡侯祠的后面约 50 米处，有一棵参天樟树，树下有座圆拱形砖墓，长 7.84 米，宽 2.7 米，高 2.3 米，这就是蔡伦墓。下有石级，上有墓门，四周有护墓墙，牌坊式的门额上刻有郭沫若所题的"蔡伦之墓"4 个大字。

蔡伦为何一人有两墓？令人琢磨不定。

蔡伦，字敬仲（？—21 年），东汉桂阳（今湖南耒阳）人，年少时家境贫寒，然貌美，十几岁时，于永平末年（75 年）到宫中为宦。建初（76—83 年）中年为小黄门。和帝（刘肇）时，即永元年间（88—104 年）为中常侍，曾任尚方令，主管制造御用器物的作坊。就在这期间，他总结西汉以来用麻质纤维造纸的经验，全面改革造纸工艺，采用树皮、麻头、

破布、旧渔网为原料造纸，于元兴元年（105 年）奏报朝廷，时有"蔡侯纸"之称。这就是《后汉书》中所记述的："自古书契多编以竹简，其有缣帛者谓之为纸。缣贵而简重，并不便于人。伦乃造意，用树肤、麻头及敝布、渔网以为纸。元兴元年，奏上之，帝善其能，自是莫不从用焉，故天下咸称'蔡侯纸'。"（《后汉书·蔡伦传》）

蔡伦自幼聪明，有才学，办事尽心认真。适逢工余，自有独特乐趣：关门谢客，打着赤膊行走于田野。

蔡伦从一个平民子弟到封侯鼎食，应该说是平步青云。但后来陷入政治漩涡，结局可悲。《后汉书》记有："伦初受窦后讽旨，诬陷安帝祖母宋贵人。乃太后崩，安帝始亲万机，敕使同致廷尉，伦耻受辱，乃沐浴，整衣冠，饮药而死。国除。"

蔡伦死后葬于何地？洋县蔡伦墓和耒阳蔡伦墓，何为真墓？按常理说，蔡伦死于封地，当就近埋葬。洋县距家乡耒阳，远离数千里，时在东汉，交通不便，自是难以归葬家乡。所以洋县的墓似应为真的。

那么，耒阳的蔡伦墓是假的？抑或衣冠冢？这也难说。尽管已有人传为衣冠冢，却都是从"封地遥远，难葬故乡"这一点派生而出，谁也没有真凭实据。

蔡伦一人有二墓，墓距数千里，孰为真？应该说至今是个谜。设想的提出，起码可以引人进一步考证。

毕昇发明的活字材料与制造之谜

　　活字印刷术的发明，大大提高印刷效率，开辟了印刷史上的新纪元，它被誉为我国古代的四大发明之一。然而，毕昇发明的活字是由什么制成的呢？

　　根据《梦溪笔谈》记载，毕昇先用木做活字，但是中国木纹有疏有密，沾水后高下不平，又容易和药粘连，所以"不可取，不若燔土"，改为"胶泥刻字"。许多学者认为，胶泥就是黏性较大的泥土。如张秀明在《中国印刷术的发明及其影响》一书中就说"毕昇用黏土制成薄薄单字"。因此，活字用黏土制成的说法最为流行。

　　冯汉镛在《毕昇活字胶泥为六一泥考》一文中对这种流行说法提出了反对意见。他认为，据《梦溪笔谈》记载，毕昇用胶泥刻成活字后，再"火

↑　毕昇雕像

烧会坚"，根据火温高低的掌握，胶泥在火温高时被烧成瓷，几乎不会吸水；火温稍低时被烧成陶，陶的吸水率仅20%，因此，瓷字或陶字都不能着油墨印书，所以这就可以推论毕昇的身份是锻工，曾经是道家方士王捷的助手，一起炼丹。炼丹时封垆鼎用的物品称作六一泥。这种泥的制法是道家秘方，对外当然保密。冯经从《抱朴子·内篇》、《太极真人杂丹药方》、《丹房须知》等12种道家的古文献中搜集，得知其是由7种矿物研细混合后再入醋（或水、蜜）混合而成，毕昇掌握了它的配方和制作方法，所以，以六一泥制成活字的说法产生。

当然，这并没有成为定说，吴式超对冯说进行了反驳。他论证了毕昇没有为道家方士做助手炼丹，也不是锻工，自然也不懂得制作六一泥的秘密，所以活字并非用六一泥制成。那活字究竟是什么制成的呢？

← 活字印刷术雕版

他没有从正面论述，而是运用多种旁证证明以泥土铸成的字是能够印书的。《梦溪笔谈》中说毕昇在印书过程中遇到"有奇字素无备者，旋刻之，以草火烧，瞬息可成"。瞬息即可烧成，燃烧物又是火温低的草火，估计这种胶泥没能烧成瓷字或陶字，只烧成瓦字。叶德辉《书林清话》中介绍自己藏有毕昇活字版印成的《韦苏州集》十卷，书里的"字画时若啮缺"，这就说明是瓦字印成的。因为瓦字不够坚固，所以笔画时有断续。元朝农学家王祯为印刷自著的《农书》，命工匠造泥活字3万余个，他在《造活字印书法》中叙述："又有以泥为盔，界行内用薄泥，将烧熟瓦字排之，再入窑内烧为一段，亦可为活字版印之。"这就是陶字的烧铸。张秀明说："朝鲜还保存着陶制大小活字220余个，日本人藏的《性理喻林》、巾箱本《玉纂》和《古今历代撮要》都是陶活字。"至于瓷字，清朝徐志定在《〈周易说略〉序》中说："戊戌冬偶创磁刊，坚致胜木。"他把制成的磁字称作"泰山磁版"，印成张尔岐的《周易说略》和《蒿庵闲话》两种书，至今还藏于北京图书馆和山东图书馆。泥活字无论烧成瓦字、陶字或瓷字，都能印刷，且能印得很好，毕昇造活字的材料是普通黏土。

　　活字到底是用什么材料如何制成的呢？这个争论在学术界终没有形成定论。

司马迁死因之谜

　　司马迁是我国历史上伟大的文学家和史学家，多数史书关于司马迁的记载皆止于《史记》的撰写，而对于司马迁的卒年和死因这个问题，由于缺少史料，始终是悬在人们心头的一个谜。

　　关于司马迁死的具体时间，有人认为这是司马迁寿终正寝的证明，也有人认为这正好说明司马迁死得不明不白，值得探究。《史记·集解》引东汉学者卫宏《汉旧仪注》云："司马迁作景帝本纪，极言其短，及武帝过，武帝怒而削去之。后坐举李陵，李陵降匈奴，故下蚕室。有怨言，下狱死。"葛洪《西京杂记》也有与此类似的记载。有人据此推断司马

↑ 《史记》书影

迁是因作《报任安书》而死的，且死在作《报任安书》那年（据王国维考证，《报任安书》作于太初四年）。郭沫若认为司马迁下狱的事必定在当时有很多人知道，故卫宏、葛洪将它写下来。卫宏和葛洪都是当时著名的大学问家，不会无中生有，捏造事实。在《汉书·司马迁传》"赞"中，班固叹息"以迁之博物洽闻而不能以知自全"，悲其"既陷极刑"（指腐刑）之后，又"不能自保其身"，这说明司马迁的死很不正常。

有的学者对此则提出异议。考察目前存在的有关司马迁行事的记载，共有四条，其中，至少有两条不符合史实，因此卫宏说司马迁"下狱死"这件事，因证据不足，不可全信。古书有"身体发肤，受之父母，不敢毁伤，孝之始也"。《汉书》中司马迁"既陷极刑"，"不能自保其身"也许就是这个意思。

↑ 司马迁

还有一些人认为司马迁可能死于汉武帝晚年的"巫蛊之狱"。巫蛊案发生在征和元年，当时江充任治巫蛊使者，他与卫太子有怨，恐武帝晏驾后太子对自己不利，因此想借机除掉太子。太子杀江充后自杀，武帝穷治巫蛊之狱，转而穷治太子死之狱，一直到征和四年,前后死者达十几万,任安也是"巫蛊之狱"的殉难者之一。这场灾难,牵连到当时许多文武官员,司马迁恐怕也难以幸免。从《史记》记事内容可以发现,太初四年至征和二年还有记事,征和一年后就没有记事,司马迁很可能是《汉书》所说的"巫蛊之祸,流及士大夫"的牺牲者。

还有人认为司马迁死于武帝之后,《史记》各篇里有汉世宗的谥号"武帝"。西汉学者褚少阳曾说过"太史公记事,尽于孝武之事"。"武帝"是汉世宗刘彻死后后人所追加的谥号,如司马迁比武帝先死,怎么会知道这谥号呢?有人考证司马迁《报任安书》作于征和二年十一月,在武帝驾崩前4年,从《报任安书》的内容可以知道当时《史记》并未全部完成,以后还有补辑,故涉及武帝的地方,改称谥号,也就不足为奇了。

总而言之,司马迁到底是"有怨言,下狱死"或因"巫蛊之狱"而死,还是平安地活到武帝之后寿终正寝,目前还没有充分的证据来进行确定,有待于今后新史料的发现和人们的进一步考证。

张衡与"浑天仪"之谜

公元 138 年，也就是张衡死前的一年，在洛阳看守天文仪器的人，有一天跑来告诉张衡，说"地动仪"对正西方的龙嘴突然张开，落下一个铜球。于是张衡跑去观察"地动仪"，并且知道洛阳西面某处地方发生了地震。但是住在洛阳城内的人，因为不曾感觉地动，所以将信将疑，不相信"地动仪"的作用。过了许多天，有人从距洛阳千里的陇西跑来，说那里当时的确发生地震，那

↑ 张衡画像

些原本不相信"地动仪"的人，就连声说妙极了。距离 1000 多里，竟然能精确地测出地震，可见其精密准确程度。欧洲第一次出现地震仪，是 19 世纪，足足比"地动仪"晚了 1700 多年。

"地动仪"是怎么样的仪器呢？又是谁设计、制造的呢？地动仪是张衡设计和制造的。公元 89 年至 140 年，东汉都城洛阳及陇西一带，

一共发生了 53 次地震。公元 119 年，更连续发生了两次大地震，因此促使张衡研究地震现象，以及探索测报地震的方法。公元 132 年，张衡终于发明和制造出测报地震的仪器"地动仪"。这个"地动仪"的外形好比一个大酒坛，是用铜铸造的。仪器上端有一个可以打开的凸形盖子；四周外壳上铸了八条龙；每条龙的龙头，分别对准东、西、南、北、东北、东南、西北、西南 8 个方位。每个龙嘴里都衔着一个小铜球，并在龙嘴下面，各自安置了一个头仰嘴张的铜铸蛤蟆。"地动仪"内部，装有铜制上粗下细"都柱"，并自"都柱"周围，分别伸出 8 根与个别龙头上半部衔接的横杆。如果龙头个别所向的方位有哪一处发生了地震，那么"都柱"便会倒向地震发生的方向，压住横杆下端。而横杆则牵动龙头，使龙嘴里的铜球掉进蛤蟆嘴里，发出清脆的声响，通知人那个方向有事。

但"地动仪"并不是张衡发明和制造的唯一科学仪器。在发明"地动仪"之前 20 年，张衡可能已在西汉人耿寿昌浑象的基础上，发明和制造了"漏水转浑天仪"。"浑天仪"类似现代的天球仪，由精铜铸造，主体为一球体模型，代表天球。这个球体可以绕天轴转动；天轴和球面共有两个交叉点：一个是北极（北天极），另一个是南极（南天极）。在球的表面遍列 28 宿，以及其他恒星。球面上还具赤道圈和黄道圈，两者成 24 度夹角，分列 24 个节气。球体外面装有两个代表子午圈和地平圈（通过南北极和天顶）的圆环。天轴的支架在子午圈上，与地平斜交 36 度，表示洛阳地区的北极切角，

↑ 张衡发明的"地动仪"模型

也就是洛阳的地理纬度。天球则一半露出地平之上，一半隐于地平之下，体现了浑天说的天象认识。

"漏水转浑天仪"的设计，几乎可以说包含了当时张衡所知的一切重要天文现象。利用这具前所未有的新奇仪器，就可以观测天象。张衡的这具仪器还是自动运转的，这就更使人吃惊。那么，张衡使用什么方法，能使他这具浑天仪自行运转的呢？张衡是采用齿轮系，将浑象和计时用的漏壶连接起来，利用漏壶的流水产生力量，推动齿轮，从而带动浑象运转。张衡巧妙地、恰当地选择了齿轮的数目和齿数，因而使他设计的浑象每运转一周，就表示一昼一夜，将天象变化充分演示出来。

但张衡发明的"漏水转浑天仪"，并没有留传下来，因此它的复杂精密传动系统，至今只能猜测，虽然它的存在，历史上有明确记载。也许有一天经过考古学家的努力，在什么地方发掘出一具"漏水转浑天仪"，那么我们就可以知道这具用水力发动的天文仪器，是怎么样发生作用的。这并不能算是妄想，因为近年出土的文物，有许多都是我们意想不到的。不过，2000多年来中国历代承传，并不断作出改进的大型观天仪器——浑天仪，今天仍可看到。

在"漏水转浑天仪"的理论基础上，唐代的梁令瓒，宋代的张思训、苏颂、韩公廉等，经过各种试验和改进，终于制成了世界上最早的天文钟。张衡的发明创造除了"地动仪"、"漏水转浑天仪"之外，还有瑞轮蓂荚（一种机械日历）、相风铜鸡（类似西方20世纪才出现的候风鸡，作测定风向之用）。

中国可以说是天文学发达最早的国家，到汉朝，对于天体运动和宇宙结构，就先后出现三种理论：盖天说、浑天说和宣夜说。《列子·天瑞篇》说过一个杞人忧天的故事："杞国有人忧天地崩坠，身亡所寄，废寝食者。又有忧彼之所忧者，因往晓之曰:天积气耳,亡处亡气,若屈伸呼吸,终日在天中行止,奈何忧崩坠乎? 其人曰:天果积气,日月星宿不当坠耶? 晓之者曰:日月星宿亦积气中之有光耀者。只使坠,亦不能有所中伤。其人曰:奈地坏何? 晓之者曰:地积块耳,充塞四处,亡处亡块。若躇步跐蹈,终日在地上行止,奈何忧其坏? 其人舍然大喜,晓之者亦舍然大喜。"

照这个故事说，天是气体，大地是硬块，日月星宿是发光的气体，那么天跌下来当然没有关系，杞人是太过担心了。至于大地，既为硬块，在上面行行走走，也不致踏坏，所以杞人一听，欣喜莫名。这种看法反映了宣夜说的观念，似乎亦能说明某些宇宙的现象，比如说认为天是气之所聚，即大气层。

最早创立的盖天说则认为天在上，地在下；天就像一个半圆形罩子，罩住平坦的大地。这种看法似较原始，表示初民对天体运动和宇宙结构的简单认识。

浑天说主张天是浑圆的，日月星宿会转入地下，而早期认为大地是平的。至东汉三国由陆绩等加以发展，就提出了大地为球形的概念，已是颇为完备的学说了。张衡是赞同浑天说的，他说:"浑天如鸡子，天体圆形弹丸。地如鸡中黄,孤居于内。天大而地小。天表里有水。天之包地，犹壳之里黄。"这就是当时张衡构想的天地模型。然而张衡并不以为他这个模型便是整个宇宙，他相信在这个鸡蛋般的天壳之外，还有一个"未知"世界，因此说"宇之表无极，宙之端无穷"。这就接触到时空无限的问题了；与张衡差不多同时的郗萌，则又从另一个角度探讨了宇宙无限的思想。

张衡就是以浑天说为基础造浑天仪的。

曹植排行第几

三国时期的曹植（公元192—232年），是曹操的儿子，三国时才华横溢的诗人。他文才出众，10多岁便能诵读《诗经》、《论语》及辞赋等数10万言，还特别善于写文章。

有一次，曹操看了他的文章，有点儿不相信，问他是否请人代作，曹植回答说："言出为论，下笔成章，顾当面试，奈何请人？"正好邺城新建的铜雀台落成，曹操命儿子们以此为题，立就一篇赋。曹植援笔立成，使曹操对他的才学刮目相看。

曹植"性简易，不治威仪。舆马服饰，不尚华丽。每进见难问，应声而对"，其志向与才情都不同凡响，因而特别受到曹操的宠爱。

曹操认为他是"诸子中最可定大事者"，多次想立曹植为嗣。但曹植"任性而行，不自励，饮酒不节"，

↑ 曹植雕像

有一次坐着车子打开宫中大门外出，违犯了曹操的禁令。曹操十分生气，"植宠日衰"。更为严重的是，赤壁之战后，驻守襄阳的曹仁被关羽围困，曹操任命曹植为中郎将，带兵前去救援，可是曹植正好饮酒大醉，不能执行任务。曹操大怒，从此对曹植大失所望，曹植也就失去为嗣的机会。《三国志·陈思王植传》对此有详细的记载。

有人以为，在实行嫡长子继承制的中国封建社会，曹植可立为嗣，应是曹操嫡妻所生的长子。但事实上不是。曹操并不很拘泥于封建礼教，向来主张唯才是举，因此选立太子没有严格按照排行。徐曹植之外，曹操还曾想立五六岁便能巧妙称象的曹冲为太子，而曹冲只是环夫人所生的儿子，既非"嫡"也非"长"。

曹植不是嫡长子，那么他在曹操25个儿子中究竟排行第几？

众所周知，曹植与魏文帝曹丕是一母所生的亲兄弟，曹丕妒忌曹植的才华，处处猜忌提防他，即位之后，对曹植倍加迫害。

《世说新语·文学篇》记载了"七步诗"的故事。曹丕要曹植在行七步的短促时间中作诗一首，做不成就要"行大法"。曹植脱口成章："煮豆持作羹，漉豉以为汁。萁向釜下燃，豆在釜中泣。本是同根生，相煎何太急？"以其豆相煎，比喻骨肉相残，其激愤之情，一览无遗。这使曹丕更加忌恨他，只是顾及母亲卞太后，才放他一条生路。

这则故事使人知道，曹植有同母兄曹丕，因而有人便想当然地认为曹植排行第二。如在《曹集铨评》一书的《出版说明》中即明言："曹植，字子建，是曹操第二个儿子。"

但是，翻开《三国志·武文世王公传》，就能看到卞太后生四子，曹植之上除曹丕外还有任城威王曹彰。这曹彰自幼不爱读书，却善射御，力大过人，立志当一个披坚执锐、临难不顾的将军。他曾孤军远征，大破代郡乌桓，又降服鲜卑，平定北方，曹操不由地称赞说："黄须儿竟大奇也。"曹彰须黄，故称之。

既然曹彰是曹植的哥哥，那么曹植的排行至少是第三。此说最为流行，一些大型工具书中也说曹植是曹操第三个儿子。

然而，卞后之前，曹操还有丁夫人与刘夫人，刘夫人生了曹昂与曹铄，因刘夫人早卒，曹昂等由丁夫人养育长大。

建安二年（197年），张绣降而复反，曹操与之交战，大败。曹操为流矢所中，"长子昂、弟子安民遇害"。《三国志·武帝纪》的这一记载，明言曹昂是曹操的长子。曹丕在《典论·自叙》中也说："建安初……张绣降，旬日而反，亡兄孝廉子修、从兄安民遇害。"子修，曹昂的字，既然曹丕称他为兄，且是曹操长子，那么曹植之前，至少已有曹昂、曹丕、曹彰三人，因此，郭沫若在《论曹植》中说："曹植，曹操的第四个儿子。"

《武文世王公传》记载，曹昂是"弱冠举孝廉"，那么他遇害那年至少是 21 岁，而当时曹植是 6 岁，两人相差 15 岁之多。与曹昂一母所生的曹铄，既然母亲刘夫人早卒，他的年龄就不会与曹昂相差太多；也有可能比曹植年长。这样，曹植的排行应退居第五。

曹操的嫔妃有夫人、昭仪、妤婕、容华、美人五等，仅儿子就有 25 人之多。这 25 人中，是否还有长于曹植的异母兄？所以，曹植是否排行第五还很难说。

事实上，如果没有新的史料问世，曹植的排行将一直很难说清楚。

杜甫死亡之谜

唐代大诗人杜甫,被誉为"诗圣"。他的诗大多揭露当时社会矛盾和统治者的黑暗,同情人民的苦难,反映唐代由盛转衰的历程,富有现实意义,被誉为"诗史"。但是杜甫生前并不得志,穷愁潦倒,晚年更是流离漂泊,在贫病交加中死去,死时才59岁。他的死令人惋惜,他的死也留下了一团谜。

↑ 杜甫画像

有人说他是殁于牛肉白酒,有人说他病死舟中,还有人说他溺于郴水,其说不一。

据新旧唐书记载,杜甫是啖牛肉白酒,一夕而卒的。唐邓处晦的《明皇杂录》更记得很详细:"杜甫客耒阳,游岳祠,大永遽至,涉旬不得食,县令具舟迎之,令尝馈牛炙白酒,后漂寓湘潭间,羁旅憔悴于衡州耒阳县，颇为令长所厌。甫投诗于宰，宰遂致牛炙白酒以遗甫，甫饮过多，一夕而卒。"这就是说，杜甫是吃得过多，胀饫而死的。有人认为"胀饫"之说不确，而是中毒。其说法是，杜甫阻水耒阳的时候，正值暑天，食物极易腐败，县令送来的牛肉一次吃不完，过了一天就变质有毒了。当时杜甫已年老多病，吃了腐肉，又饮了白酒，加速了毒素在血液中的循环，最终心脏衰竭而死。看得出，这种说法是有科学道理的。

唐人李观在《杜诗补遗》中，对杜甫的死因，又提出了新的看法。他说："甫往耒阳，聂令不礼。一日，过江上州中，醉宿酒家。是夕江水暴涨，为惊湍漂没，其尸不知落于何处。泊玄宗还南内，思子美诏天下求之。聂令乃积空土于江上，曰：子美为牛肉白酒胀饫而死，葬于此矣。"这一说法无人赞同，被众人讥为无稽之谈。但也有人展开想象的翅膀：如果杜甫是这样落水而死。加上李白的入水捉月而死，屈原的投江自沉而死。正好是"三贤同归一水"了，宁可将大诗人的结局想得浪漫一些。因该想法更无丝毫根据，人们不屑深究了。

大多数人则赞同杜甫病死于湘江舟中的观点。根据大量的史籍与传说，细致考证，描绘了杜甫病逝的前前后后。

大历五年（公元 770 年）四月，潭州兵乱，城里大火冲天。时值深夜，官军措手不及，潭州刺史被乱军所杀，百姓仓皇出逃，全城大乱。正在潭州养病的杜甫携家眷跌跌撞撞逃出城外，准备投奔在郴州做官的舅氏崔伟。杜甫全家乘船溯郴水而上，行至耒阳县境内的方田驿时，突然大江涨水，风狂浪急，只得在当地停船。杜甫本来就贫病交加，此地又无亲友接济，一连五六天弄不到食物充饥。后来，耒阳县令聂氏闻讯，派人送来了酒肉，并邀请他到县里作客。杜甫感激不尽，作诗答谢，诗题云："聂耒阳以仆阻水，书致酒肉，疗饥荒江，诗得代怀，兴尽本韵。至县呈聂令。"可惜，水势越涨越猛，答诗送不到聂令手里，眼看又要挨饿，只得掉转船头，下衡州去了。大水退了以后，聂令派人再邀杜甫，只见茫茫江水，杳无踪迹，遂断定杜甫一家已被洪水吞噬，十分遗憾，只好拾起杜甫遗落的靴子，建一座衣冠墓纪念杜甫。其时，杜甫已回衡州，停留几日后，仍以船为家沿江而下。事实上，杜甫还在船上作过一首诗《过洞庭湖》："破浪南风正，回樯畏日斜。湖光与天远，直欲泛仙槎。"沿江两岸没有落脚之地，杜甫又在船中住了一秋一冬。凄风苦雨使他的风痹病日益加重，最后竟卧床不起了。偏偏此时祸不单行，杜甫的幼女夭亡了。巨大的打击，使杜甫再也经受不了，竟病死于船舱里，时年59岁。杜甫死后，家人无力归葬，只有将其灵柩暂寄于岳阳。43年之后，他的孙子杜嗣业才把他的灵柩运到河南偃师，正式安葬在首阳山下。当时，杜嗣业曾请求诗人元稹为杜甫作墓志铭。元稹在《唐故检校工部员外郎杜君墓志铭》中，记载有"扁舟下荆楚间，竟以寓卒，旅殡岳阳，享年五十有九"句，证明杜甫确系病殁舟中。

应该说，这段描述是颇为合理的解释。

王国维为何自杀

王国维，字伯隅，又字静安，号观堂，浙江海宁人。他是中国近代著名的文学批评家和史学家。他对词曲的研究有独到的造诣，对古文字、古器物，甚至殷商制度以及西北地理、蒙古史的考据，都有卓越的成就。他还精通康德、叔本华、尼采的哲学，堪称一代国学巨擘。

在人们的印象中，他又是个卓尔不群的"怪人"：在清华大学研究院众多西装革履的教授中，他却头戴瓜皮帽，身着长衫，脑后拖着一条辫子，厚厚的圆眼镜后面是一对充满忧郁的眼睛，活脱脱一个前清遗老；而到了讲堂上，他那双眸子里却闪出熠熠光彩，旁征博引，侃侃而谈，变成了深受学子们欢迎的学识渊博的导师。

令人大惑不解的是，这位著名的学者，在他50岁那年，正值学术研究的黄金时期，竟不明不白地投入颐和园的昆明湖中，自尽身亡。他的死，引起了学界的轩然大波，人们纷纷猜测：王国维为什么要自杀？

梁启超先生把王国维比作"不食周粟"的伯夷、叔齐和为楚国"忧愁忧思"投江而死的屈原。并有二事可证：其一是他的遗书中有"五十之年，只欠一死，经此世变，义无再辱"之句。可视其为"殉清"誓言；其二是伪皇帝溥仪还赐谥"忠悫"于他，并为他举行了葬礼。王国维是为了"殉清"、"完节"而死。

许多人赞同此说，认为王国维是中国的传统的文人，有根深蒂固的忠君思想。1923年，他被清朝重臣罗振玉引荐，当了清宫南书房行走，给废帝溥仪担任"文学侍从"。还被加恩赏五品衔，破例允准他可在紫禁城内骑马。这个知遇之恩使他感铭肺腑。1924年，冯玉祥发动北京政变，把废帝溥仪赶出北京时，他当时就想跳进神武门御河里"以身殉国"，可见他在思想深处早有"殉清"

↑ 王国维

的打算。再加上他自杀的那年春天，北伐军进逼北方，势如破竹。听说湖南豪绅叶德辉被国民革命军杀了，又听说革命军要杀拖辫子的人。有人猜测说，王国维是怕自己落入北伐军手中，蒙受耻辱，与其被杀，不如自杀，兴许还博得个"忠清"的美名，以保晚节。

然而，又有许多人认为此说不可靠。当溥仪逃到天津时，他并未随驾前往，也没有像郑孝胥等人那样效命于复辟阴谋，卖身给日本政客，而是潜心于学术研究之中，这实际上已经是"失节"了。另外，王国维认真研究过中国历代王朝的更迭，对历史上的节士、遗老并不顶礼膜拜，说明他与清室的关系并不密切，不可能忠到"殉清"的地步，也不会愚到"完节"的程度。后来又听说溥仪"赐谥"是受罗振玉伪造的"王国维遗折"所骗而行，人们对"殉清"说就都持怀疑态度了。

其实，王国维死时，清亡已10年，末代皇帝溥仪也当了日本帝国主义的傀儡，他亦从教做学问多年，殉的哪门子"清"？至于说他怕被北伐军所杀，不符合他的为人，更不足置信。

有些人认为，王国维之死与罗振玉逼债有关。当时有两件传闻：

一是溥仪在《我的前半生》一书中记叙的一件事，说是清帝内务府大臣绍英托王国维代售一批字画，罗振玉以代卖为名，将所得画款1000余元作为王国维应还他的债款通通扣下，王国维无法对绍英作交差，愧而觅死。

二是史达在《王静庵先生致死原因》一文中所述的一件事，说是罗振玉在其女婿死后因故把他的女儿（王国维的儿媳）接回家，令其为夫守节，逼王国维每年供其生活费2000元。而当时，王与罗合伙做生意亏本，王欠罗巨债无力偿还，罗催逼甚紧，并与之绝交，王国维对此"又惊又愤"，因而萌生短见。

但反对此说者仍有人在，他们认为，王国维每月有400块银元的收入，不至于因债主逼债而走上绝路。何况，

↑ 王国维雕像

罗振玉在王国维死后还送了 1000 块银元为其办丧事，并在半年内出了四集《海宁之忠意公遗著》。看来，两人没有什么解不开的疙瘩。

还有人从心理层面上诠释他的死因认为，王国维之死是寻求精神的解脱。

刘雨在《王国维死因考辨》一文中，说王国维"致力于学问，晚年遭世变，使他无法继续下去，精神无法寄托"，再加上"晚年家境贫寒，身染重病，又逢爱子之卒"。因此悲观寻了死路。

陈寅恪则说："凡一种文化值衰落之时，为此文化所化之人必感苦痛，其表现此文化之程量愈宏，则其所爱之苦痛亦愈甚；迫既达极深之度，殆非出于自杀无以求一己之心安而义尽也。"又说："盖今日之赤是神州值数千年未有之巨劫奇变，劫尽变穷，则此文化精神所凝聚之人安得不与之共命而同尽，此观堂先生所以不得不死，遂为天下后世所极哀而深惜者也。"

尽管对王国维的死因众说纷纭，但归结为一点，作为一个传统知识分子，王国维在社会大变动时代找不到出路，难以自处，无法解脱，愤而弃世才是其死的根本原因。

由于上述各家之说都无第一手资料为据，结论也是主观臆测，莫衷一是；王国维之死的直接原因究竟是什么，尚不为人知。他死于 1927 年 6 月 2 日，年代还不算久远，这个谜底或许不难解开。

《红楼梦》的作者之谜

　　中国古代四大名著之一的《红楼梦》是中国古典小说创作成就的最高峰，它是中国一部伟大的现实主义小说，也是一部反映中国封建社会的百科全书，它在中国文坛和世界文坛上都占有重要的位置。一门专门学科——"红学"也因此而形成。

　　一般人认为曹雪芹写了《红楼梦》前八十回，高鹗续了后四十回。但是，"红学"研究者在长期研究《红楼梦》的过程中，通过辨析许多历史资料的真伪，认为曹雪芹只是《红楼梦》一位卓越的"披阅"、"增删"和整理加工者，它还应该有一位原作者。因此，在《红楼梦》的作者问题上，"红学"研究者各执一词。多少年来，一直没有出现一个统一的定论。

　　第一，脂砚斋眉批带来的疑问。脂砚斋在庚辰本第十三回有一条眉批曰："读五件事未完，余不禁失声大哭，三十年前作书人在何处耶？"曹雪芹卒于1762年除夕，而庚辰本则是乾隆二十五年（公元1760年）当时曹雪芹尚在世。如果其作者是曹雪芹的话，脂砚斋在评书时又怎会"失声大哭"呢？当然也不会问出"三十年前作书人在何处耶"。再把时间倒推30年，当时只有十几岁的曹雪芹怎能写出这样一部伟大的文学名著呢？

　　第二，《红楼梦》成书过程的证明。《红楼梦》自述中这样一段文字值得研究者注意："空空道人因空见色，自色生情，传情入色，由色悟空，遂名情僧，改《石头记》为《情僧录》。东鲁孔梅溪题曰《风月宝鉴》。后因曹雪芹于悼红轩中披阅十载，增删五次，纂成目录，分出章目，又题曰《金陵十二钗》，并题一绝，即此便是《石头记》的缘起。"很明显，这其实是在说"空空道人"又名情僧，才是《红楼梦》的原作者，曹雪芹只不过是对该书进行"披阅"、"增删"而已。

第三，《随园诗话》的误导。显然袁枚在《随园诗话》中关于《红楼梦》作者的记载是有误的。不说其他的，袁氏弄错了曹雪芹和曹栋亭之间的辈分，把本是祖孙关系的曹雪芹和曹栋亭说成是父子关系，并说《红楼梦》"备记风月繁华之盛"，专写妓女和妓院生活，简直贻笑大方，这也说明难以相信袁氏说法。所以袁氏的说法对成书于《随园诗话》乃后的《八旗画录》和《八旗文编目》两书影响非常大。《八旗画录》不得不实事求是地说"对曹雪芹此人并不了解"，"惜文献无征（即证），不能详其为人"。

第四，当代学者对本源的探求。鉴于以上原因，当代"红学"研究者是这样推测《红楼梦》的原作者的（见《求索》1986年第1期）。

一、《红楼梦》原作者年龄应大曹雪芹6～10岁，这样他才能对曹家鼎盛繁华的生活有所了解，并重现于小说中。再者，他的辈分应高曹雪芹一辈，这样才与"自传"说法的人物辈分关系相符合。

二、那些评书者，对《红楼梦》的作者大都讳莫如深，不敢直书其名，只用了"空空道人"这样一个化名。而曹雪芹则直书其名，毫无忌讳，这恐怕是有原因的。因而，《红楼梦》可能是一位有罪的朝廷命官创作的，后被削职隐匿民间，或出家为僧。

上述的种种推测各执一词，并无定论。但不管怎样，曹雪芹的名字仍将与《红楼梦》这部杰作一起永载史册。

阿炳与《二泉映月》之谜

　　华彦均早年双目失明，在街头以拉二胡卖艺为生，因其琴艺高超，名闻遐迩，人称"瞎子阿炳"。他创作的《二泉映月》琴曲，优美深沉，婉转苍凉，不仅是一首优秀的中国乐坛佳作，而且走出国门，成为享誉全球的世界名曲。人们不禁要问，《二泉映月》是描绘二泉映月的自然景色的吗？为此，在音乐学界还引起了诸多争议。

　　音乐学家杨荫浏是在华彦均病逝前不久，抢救性地为华彦均录下了其亲手演奏的《二泉映月》的。尔后，整理汇编了《阿炳曲集》。杨荫浏认为，《二泉映月》是描写在清澈见底的二泉间所反映出来的天上光明的月亮，是阿炳略带伤感地写出了自己对大自然热爱的心情。

　　二泉是"天下第二泉"的简称，原名惠山泉，是无锡著名的景点，因其泉水甘润可口，经唐代茶神陆羽品尝后，评为"天下第二"，故名。但其南有漪澜亭亭檐遮挡，所以映不出月亮来。为此，杨荫浏在《〈二泉映月〉的作者阿炳》一文中又说："乐曲描写了在清澈见底的二泉亭南边池子中间所反映出来的天上光明的月亮，表现了他想象中的旧时目睹的美丽风光；然而，他当时感到的却是周围漆黑一片。因此，在这首婉转优美的抒情曲调中，既表现了阿炳热爱祖国一草一木、一山一水的高尚情操，又不时流露出作者发自内心的苍凉情调。"后来，在二版《阿炳曲集》中，他又说："本曲是以无锡惠泉山二泉亭附近的风景为题材。标题《二泉映月》是阿炳自己所说。可以设想，这标题正代表着阿炳的创作意图和表演倾向。"

著名音乐家贺绿汀对上述说法首先提出异议。他在《中国现代音乐文化发展的回顾》一文中写道："（阿炳）的音乐之所以能感人，是由于他在旧社会过着长期的痛苦流浪生活。他的音乐正抒写了他在长期痛苦流浪生活中的思想感情。《二泉映月》这个风雅的名字，其实与他的音乐是矛盾的，与其说音乐描写了二泉映月的风景，不如说是深刻地抒发了瞎子阿炳自己的痛苦身世。"

著名二胡演奏家闵惠芬在《孤独的夜行者》一文中写道："欣赏《二泉映月》只有听者怀着极大的同情感，才能听出字里行间的内心独白，这种心酸是无法用语言讲的，好像苦得太深了，太长远了，都发木了……联想到小时候在家乡看到的盲艺人在街头上边拉边走的形象，顿时使我感觉到了《二泉映月》的律动。浪弓的运用是有生活基础的，这种律动引申去理解，可以说是人生的脚步，是那样的沉

↑ 阿炳雕像

重，带有一种木然的感觉。这是新中国成立前社会底层的人才能有的律动，具有深刻的典型意义。"

音乐家李民雄也认为，当人们听了《二泉映月》那深刻动人的乐曲之后，不仅联想起夜阑人静、泉清月冷的艺术境界，而更多的是犹见其人——一个刚直、顽强的盲艺人在向人们倾吐他坎坷的一生，阿炳在乐曲中抒发了他对生活的无限感慨和悱愤之情。

现在，不少的二胡演奏家是按照这种借景抒情说去理解《二泉映月》的，但是与阿炳用一把简陋的二胡在临终之前演奏的《二泉映月》的录音相比，他们对乐曲的理解和对人生的体验差得太多了。

沈洽先生曾采访过阿炳的亲属和朋友，都证实《二泉映月》原来并无标题，是当初杨荫浏等人为其录音时，与阿炳共同定的名。以前，曾有心称此曲为"依心曲"，是阿炳在独自一人，兀自忧愁之时才演奏的流露心声的曲子。因此，沈洽认为，在《二泉映月》的"具体的音响运动中，我们既感受不到任何外部世界的声态或动态的描绘，更谈不上有任何所谓'泉'和'月'的造型。""从本质上看是一首真正的无标题音乐。""只要一旦把这个标题抛弃，它就是一首无标题音乐的杰作。"然而，几十年过去了，《二泉映月》仍有其名，并且为越来越多的海内外听众所接受和欣赏。事实证明，无论此曲有名无名，人们对其的理解还是作者借景抒发的无限感慨的深情。

这个谜底只有华彦均这位民间音乐家本人能够揭晓，可惜他已去世半个世纪了。其深刻的内涵只好由后人继续评说了。

Part 2

著名女性之谜

西施的生死之谜

西施是中国古代四大美女之一，所谓"沉鱼落雁，闭月羞花"，沉鱼指的就是西施。传说她在古越国浦阳江边浣纱，水中的鱼儿看到她的容貌，都惊艳地沉入江底。后来吴王夫差攻陷越国，越王勾践为了麻痹吴王，献上美女，其中就有西施。传说吴王得西施之后，被西施美貌所倾倒，终日迷恋西施美色而荒废朝政，终于被卧薪尝胆的勾践灭国。

西施究竟如何媚人？《庄子·天运》中已有"东施效颦"故事，说西施是"病心而颦其里"。蹙额为"颦"，是以忧郁撩人。唐以前，十六国时前秦人王嘉的《拾

西施浣纱

遗记》卷三记载，说西施、郑旦送到吴国，"吴处于椒华之房，贯细珠为帘幌，朝下以蔽景，夕卷以待月"。"椒"是花椒，"椒花坠红"之后才成为后妃居所的代称。这里的意思是说，两人当轩而坐，理镜靓妆于珠幌内，偷窥者莫不"动心惊魄"，吴王也因此妖惑忘政，等越兵入国才抱二女逃进后花园。"越军乱入，见二女在树下，皆言神女，望而不敢侵"。

按《吴越春秋》说法，西施与郑旦确实是范蠡送到吴国的。那么是范蠡发现的西施吗？《吴越春秋》中说，"越王乃使相者国中，得萝山鬻薪之女"。这里的"相者"，一定不是指范蠡。唐朝陆广微的《吴地记》有范蠡送西施的文字记载，说是在嘉兴县南一百里，有一座"语儿亭"，还说这个名字的来历是，当年勾践令范蠡献西施，两人在路上"潜通三年"，生有一子，到此亭子已一岁。后人的《吴越春秋》反对此说法，认为教习西施、郑旦用3年，如路上再走3年，岂不是6年之久？《越绝书》中说越夫人随勾践入吴时，曾在"女阳亭"生下一女，勾践灭吴后，改此地为"语儿乡"。这个说法倒是和唐朝陆广微的《吴地记》有些联系。

目前流传下来最完整的关于范蠡西施的故事，大约是明朝梁辰鱼写的剧本《浣纱记》。梁辰鱼是昆山人，在《浣纱记》里，开头变成范蠡游春到萝，在溪边遇浣纱女西施，一见钟情。

据《浣纱记》所载，勾践臣吴，文种定策献美女。因遍国搜求不见，范蠡才以"国家事体重大，岂宜吝一妇人"，亲自到萝说服西施。他对西施说："社稷废兴，全赖此举。若能飘然一往，则国既可存，我身亦可保，后会有期，未可知也。若执而不行，则国将遂灭，我身亦旋亡。那时节虽结姻亲，小娘子，我和你必同做沟渠之鬼，又何暇求百年之欢乎？"

作为间谍，西施的作用就是最大限度消耗夫差的体力精力。南朝梁任的《述异记》记载了夫差当年与西施欢娱情景："吴王三年筑姑苏台，围墙绵延五里，宫妓千人。又别立春宵宫，为长夜饮，造千石酒缸。又作大池，池中造青龙舟，日与西施为水戏。"《浣纱记》最后将范蠡与西施的因缘，最后通过范蠡之口说的是："我实宵殿金童，卿乃天宫玉女，双遭微谴，两谪人间。故鄙人为奴石室，本是夙缘；芳卿作妾吴宫，实由尘劫。今续百世已断之契，要结三生未了之姻，始豁迷途，方归正道。"

作为越之功臣，吴之罪人的西施最后的结局如何，则众说纷纭。《墨子·亲士》篇记有"西施之沈，其美也。"（"沉"，古作"沈"），此处的"沈"字，讲出了西施的死因。《太平御览》引东汉赵晔所撰《吴越春秋》中有关西施的记载说："吴亡后，越浮西施于江，随鸱夷以终。"这里的"浮"字也是"沉"的意思。"鸱夷"，就是皮袋。《东周列国志》中记载沉西施是越夫人所为，说勾践班师，带回西施，越夫人命手下偷偷引出，绑大石沉江中说："此亡国之物，留之何为？"后来在江中发现了一些蛤蜊，人家说那是西施的舌头，故此使得蛤蜊也有西施舌之称。

在后人的不少诗歌里，也都提到了西施沉水而亡的事。比如李商隐的《景阳井》诗云："肠断吴王宫外水，浊泥犹得葬西施。"皮日休的《馆娃宫怀古》诗："不知水葬归何处，溪月湾湾欲效颦。"其实，墨子关于西施的记载应该是最值得相信的，墨子约生于公元前468年，死于公元前376年，《墨子》关于西施的记载应是关于西施最早的记录。

民间传说较多的是西施被越国大夫范蠡暗暗接走，范蠡携西施避世太湖，逍遥余生。《越绝书》对此有这样记载："吴亡后，西施复归范蠡，同泛五湖而去。"又有人说西施被仇恨的吴国人民乱棍打死。在《史记》这部具有权威性的史书里，《越王勾践世家》与《货殖列传》都提到了范蠡，但没有述及西施，更没有记述她和范蠡的关系，找不到有关西施的只言片语。西施的生死成为一个难解的谜团。

虞姬墓究竟在何处

自封为"拔山盖世"、"西楚霸王"的项羽，是历史上著名的一个悲剧英雄。他自恃武勇，"欲以力征经营天下"，最后落得自刎乌江的下场，连他的爱妾虞姬也同样自刎身亡。由于太史公在《史记》中，没有注明虞姬墓在何地，所以千百年来引起人们的猜测和探索。现基本上有四种说法。

一种说法是虞姬墓在安徽省灵璧县。

《中国名胜辞典》中载，虞姬墓在安徽省灵璧县城东7.5公里，宿（县）、泗（县）公路旁。墓前有一石碑，碑文的横额刻"巾帼英雄"，右为"虞兮奈何自古红颜多薄命"；左为"姬耶安在独留青冢向黄昏"。此书的依据来源于清康熙二十三年撰的《凤阳府志》、乾隆年间撰的《灵璧县志》和《宿州志》。

南宋诗人范成大出使金国，途经泗州，有诗多首，其一为《虞姬墓》。诗云："刘项家人总可怜，英雄无策庇婵娟。戚姬墓处君知否？不及虞兮有墓田。"诗人在诗中自注：墓"在虹县下马铺（今泗县）三十七里"。《重修虞姬墓碑文》中也有记载："灵璧之南，垓下之旧址也。其东则虞姬墓在焉。""或谓定远之南，亦有姬墓，彼葬其首，此葬其身，花歌草舞，傅会有之,头岱腹嵩,荒唐颇甚。"

此墓碑文大概出自由旧本《楚汉争》编成的传统历史剧《霸王别姬》的故事。项羽军在垓下,陷入重围,"兵少食尽",忧心忡忡。夜饮帐中,而对美人虞姬、骏马乌骓,慷慨悲歌:"'力拔山兮气盖世,时不利兮骓不逝;骓不逝兮可奈何,虞兮虞兮奈若何!'霸王歌罢而泣,虞姬歌而和之。左右皆泣,莫能仰视。"《史记》正义引《楚汉春秋》云,虞姬和词为:"汉兵已略地,四方楚歌声。大王意气尽,贱妾何聊生!"虞姬歌罢,拔剑自刎;项羽悲痛欲绝,就地刨个坑,将虞姬埋好,遂突围而出,仓皇南逃。

← 虞姬雕像

但清沈德潜编录的《古诗源》中,只收录了项羽的《垓下歌》,没有收录虞姬的和歌(《史记》中也无虞姬的和歌)。编者在书中注道:"虞姬和歌竟似唐代绝句矣。故不录。"由此看出,虞姬的和歌,大概是后人杜撰而来的。

清俞樾在《茶香室丛钞》中指出:"清陈锡路《黄奶余话》云:唐傅奕考核《道德经》众本,有项羽妾本。齐武平五年(574年)彭城(灵璧)人开项羽妾冢得之。羽,美人见幸者,人知有虞耳。乃复有耽嗜元虚,整理铅椠,如此一侍儿,亦是大奇。"这又作何解释呢?如果灵璧的墓是虞姬墓,项羽在仓皇逃跑时,又怎能将关于其他美人的刻本记载放入虞姬墓中呢？由此推之，则灵璧之墓不可能是虞姬的墓。

另一种说法是虞姬墓在安徽省定远县。

《史记》正义引《括地志》云："虞姬墓在濠州定远县东六十里，长老传云项羽美人冢也。"《寰宇记》也云："虞姬墓，在（定远）县南六十里。"清康熙三十九年撰的《定远县志》亦载："虞姬墓，即嗟虞墩，县南六十里，近东城"；"五尖山，山有五峰，县七十里，旧传项羽曾别于此"。定远县的虞姬墓今不见存，但在定远县当地，至今仍流传着虞姬随项羽逃到定远后自刎，葬在定远县的传说。

北宋熙宁四年（公元1071年）苏轼赴杭州就任通判，途经濠州作《濠州七绝》，其一为《虞姬墓》，诗云："帐下佳人拭泪痕，门前壮士气如云。仓黄不负君王意，只有虞姬和郑君。"由此可知，在北宋时期，定远似已有虞姬墓。

又一种说法：虞姬墓在安徽省和县。

清道光年间撰写的《和州志》有："美人虞姬自刎后，羽将其头系于马项下，突围骑奔，乃至一山下，原插在姬发上之兰花失落，后人遂更山名为'插花山'，山上建有庙，曰'插花庙'，亦曰'鲁妃庙'、'虞姬庙'。一云：在州北七十里阴陵山之阳，庙祀鲁妃，即项王之虞姬也。项王曾为鲁公，故以鲁妃传耳。妃甚有知，远近祷子者辄应。方春，男女奔赴庙。"直至今天，每年三月三日，当地群众都戴着野花到插花山的虞姬庙里祈祷得子。

和县的虞姬墓有这样一个传说：项羽垓下被围，虞姬自刎后，项羽不忍将其尸首丢下，遂将虞姬头颅割下，挂在马头，将其身体就地掩埋，便匆忙突围。项羽本想将虞姬的头颅带回江东厚厚埋葬。但到了和县阴陵山，受农夫欺骗，陷入大泽中（即和县红草湖），被汉军追上。此时他只剩二十八骑，恐突围不出，只好将虞姬的头颅葬在阴陵山南面的小山上。后人为了纪念虞姬，便在山上建了墓，盖了庙。

还有一种说法：虞姬墓在江苏省江浦县。

今天江浦县南15千米有一个"兰花乡"，在兰花乡南七里桥林镇西，还有一座"失姬桥"。

相传项羽垓下突围后，逃到今天江浦县的兰花乡，遇到韩信的堵截，于是发生了混战，虞姬酷爱兰花，只见她头带碧玉兰花簪子，舞动双剑，跟在项羽的前后。她一不小心，将头上的兰花簪子失落在塘埂上，从此，这塘埂上、附近的山坡上和驿道旁，就长满了兰花。每逢春天到来之际，这里兰花开放，香气迷人。后来人们就将这口塘称为兰花塘，这个地方就称为兰花乡。

霸王带着虞姬等人，冲破韩信的堵截，行了约3.5千米，来到一座小桥边。这时天已大黑，不便作战，就地宿营。项羽想到今天自己落到这种地步，不由得心如刀绞，珠泪欲滴。虞姬见此情景，便舞剑劝项羽饮酒作乐。她舞着舞着，对项羽说道："大王望珍重龙体，妾先去……"话未说完，便自刎身亡。项羽呼喊着跪在虞姬身边,泣不成声。正在这时，左右马弁来报，汉军前来夜袭。项羽只得收泪，将虞姬掩埋在小桥西边的田野里，带兵突围而出。从此，人们就将这座小桥称为"失姬桥"。

直到今天，江浦当地的群众对这两处还以"兰花乡"和"失姬桥"的名字为地名，以此表示对虞姬的纪念。

以上四种说法，均有道理，至于虞姬墓究竟在何处？现在还不能断定。

蔡文姬作《胡笳十八拍》了吗

　　蔡文姬，名琰，东汉文学家蔡邕三女，博学多才，妙于音律，然而身世悲惨，经历坎坷。东汉末年，董卓挟持汉献帝，天下大乱。匈奴乘机入侵，蔡文姬也被掳去。当时匈奴的左贤王冒顿听说蔡文姬是文名远播的蔡邕之女，立即表示愿意保护她，纳她为妃。走投无路之下，蔡文姬只好跟左贤王到了匈奴，生活了 12 年，为左贤王生下二子。在这 12年中，她时常登高远望遥想中原，她还按匈奴民歌的节拍写了《胡笳诗》寄托思乡之情，这就是著名的《胡笳十八拍》。这些年中，中原也发生了很大变化，曹操统一了北方，人民也安定下来，初步出现了一派兴旺的景象。曹操十分推崇蔡邕的学问，对蔡邕的《续汉书》未能完稿深感遗憾，听说蔡文姬流落到匈奴，十分同情，于是派人用重金将她赎回。文姬归汉后，继承父亲的遗业，参与了《续汉书》的编撰。她的《胡笳十八拍》也在中原传唱开来。

　　为天有眼兮何不见我独漂流？

　　为神有灵兮何事处我天南海北头？

　　我不负天兮天何死我殊匹？

　　我不负神兮神何殛我越荒州……

这痛苦的诘问，这难遏的悲愤，这字字血声声泪发自内心深处的呼喊，震撼人心，流传千古。

然而，对《胡笳十八拍》是否为蔡文姬所作，却有两种不同的说法。持肯定意见的有王安石、韩愈、黄庭坚、罗贯中等文学大家，还有现代历史学家郭沫若先生。郭沫若不但著文专论《胡笳十八拍》，而且作话剧《蔡文姬》赞叹"文姬归汉"。他认为这是自屈原的《离骚》以来最有文采的长篇抒情诗，没有亲身经历是写不出这样的文字来的。他还说，如果有这么一个人代她拟出了，那他断然是一位大作家。就是大诗人李白也拟不出，因为李白没有她那样的气魄和经历。持否定意见的有苏轼、王世贞、胡应麟等文人学者，现代学者刘大杰等人更是从几个方面考证，认为《胡笳十八拍》不是蔡文姬所作。

归纳起来，持否定意见者从 3 个方面进行质疑：

一是诗中所述与历史事实不符。

如"城头烽火不曾灭，疆场征战何时歇？杀气朝朝冲塞门，胡风夜夜吹边月"两句，与历史事实不符。认为当时南匈奴已经内附，根本没有汉兵与匈奴连年累月的战事了。

二是诗中所写与地理环境不合。

← 蔡文姬抚琴

如"夜闻陇水兮声呜咽，朝见长城兮路杳漫"及"塞上黄蒿兮枝枯叶干"等句中的长城、陇水、塞上都与蔡文姬被掳去的河东平阳相去甚远，她能这样乱用地名么？

经查，该诗未见于《后汉书》、《文选》和《玉台新咏》，也不见于晋《乐志》和宋《乐志》，甚至《蔡琰别传》也没有征引它的诗句。因此断定，唐从前没有此诗，此诗是唐人伪造的。

三是该诗的风格、体裁值得怀疑。

从语言结构方面看，该诗中"杀气朝朝冲塞门，胡风夜夜吹边月"两句，炼字精巧，对仗工整，平仄谐调，东汉诗中从来未见。

从修辞炼句方面看，诗中"旧阑干"是唐时才有的词汇，而"夜闻陇水兮声呜咽"则是袭用了北朝民歌。

从用韵方面，《胡笳十八拍》中先韵与寒韵不通押，和曹植的《名都篇》等的通押也不一样，是唐人的用韵方法。

肯定者则据理力争，认为上述质疑完全可以驳倒，他们认为：

文姬在匈奴时正是"胡、狄雄张"，边境不靖之时，诗中所述完全符合历史事实。

文姬入匈奴后未必长住河东平阳，且匈奴活动范围遍及陕、甘、晋，说不到地理环境不合。况且诗歌可以夸张和想象，所谓陇水，可以解释为陇山之水。诗中写到长城、陇水是很自然的。

该诗不见于著录、论证和征引，是因为它不符合"温柔敦厚"的诗教，所以只能以民间文学形式流传下来。另外，蔡琰的《蔡文姬集》亡佚了，才造成了无据可查。不是"文人"著录、论述和征引的作品，不见得不可靠。还有，南宋以前为什么无人怀疑过它？现以六朝文字为例，六朝文献大多散失，六朝文字的存在不也没人怀疑么？

　　关于风格与体裁方面的问题，更不该对《胡笳十八拍》进行非议。诗中的两句精炼工整的对仗，可能是蔡文姬的独创，也可能是后人的润色，但全诗 1200 多字，仅有此两联与全诗迥异，怎么就能否认此诗不是东汉风格呢？至于"泪阑干"在东汉的《周易参同契》和《吴越春秋》中早已有之，绝非唐代始有。另外，用韵方面，否定者举之例句只是偶合，而且唐人作近体诗才守官韵，作古体诗则不一定遵守。

　　凡此种种，不一而足。孰是孰非，请读者慧眼识珠吧。

貂蝉身世之谜

在古代四大美人中，最迷人的当属貂蝉了，因为她竟让英雄豪杰为之神魂颠倒；也数她最不可捉摸，因为人们至今还没有弄清楚她的本来面目。关于她的身世，主要有以下四种观点。

第一种观点认为她是王允的歌妓。王允，东汉太原祁县（今属山西）人，字子师。初为郡吏，灵帝时，任豫州刺史，献帝登基后任司徒。王允为了铲除董卓，想用美人计来达到目的。于是他想到了貂蝉，王允对她说明了其中情由及利害关系，并要求她助一臂之力。貂蝉按王允的要求，以她的美色挑起了吕布和董卓之间的矛盾，最后，利用

↑ 貂蝉拜月

吕布杀了董卓，为王允排除异己立下了汗马功劳。事成后，貂蝉在花园里为王允祈祷拜月，正巧此时有一片彩云遮月。王允见之曰："貂蝉美色使月亮躲到云后面去了。"据此，后人都传说貂蝉有"闭月"之容。

第二种观点认为她是董卓的婢女。董卓，东汉陇西临洮（今甘肃岷县）人，字仲颖。本为凉州豪强，灵帝时，任并州牧。昭宁元年（公元198年）率兵入洛阳，废少帝，立献帝，专断朝政。曹操与袁绍等起兵反对，他挟献帝西迁长安，自为太师，后来为吕布所杀。据《后汉书·吕布传》载："卓以布为骑都尉，誓为父子，甚爱信之。常小失意，卓拔戟掷之，布拳捷得免。布由是阴怨于卓。卓又使布守中阁，而私与侍婢情通，益不自安。"这段记载的就是凤仪亭掷戟之事。由此可知，貂蝉是与吕布情通的董卓婢女。

第三种观点认为她是吕布之妻。据《三国志·吕布传》注引《英雄记》载："建安（汉献帝年号）元年六月，夜半时，布将河内郝萌反，将兵入布所治下邳府，诣厅事阁外，同声大呼，布不知反将为谁，直牵妇，科头袒衣，相将从溷上排壁出，诣都督高顺营。"又载："布欲令陈宫、高顺守城，自将骑断太祖（曹操）粮道，布妻谓曰：'宫、顺素不和，将军一出，宫、顺必不同心共守城也，如在蹉跌，将军当于何自立乎？妾昔在长安，已为将军所弃，赖得庞舒私藏妾身耳，今不须顾妾也。'布得妻言，愁闷不能自决。"这里描述的这位科头袒衣的妇人，就是吕布之妻貂蝉。

还有一种观点认为她是吕布部将秦宜禄之妻。据《三国志·关云长传》注引《蜀记》曰："曹公与刘备围布于下邳，云长启公：'布使秦宜禄行求救，乞娶其妻。'公许之。临破，又屡启于公，公疑其有异色，先遣迎看，因自留之。云长心不自安。"从这段记载中可知秦宜禄的妻子是很有姿色的。另外，因为关羽先想娶其为妻，可是由于曹操"自留之"，所以引起关羽的妒忌。他妒火中烧，一刀便把秦宜禄的妻子给杀了。元人杂剧《关公月下斩貂蝉》就是以此事创作而成。因此，秦宜禄之妻也成了传说中的貂蝉。

貂蝉作为四大美女之一，其最后的命运却很悲惨，正应了红颜薄命之说。

王昭君为何出塞

　　王昭君，中国古代四大美人之一，"昭君出塞"的故事让风华绝代的王昭君在历史上据有一席之位。

　　这个故事在《汉书·匈奴传》和《后汉书·南匈奴传》等正史中都有所记载。但有关她出塞的原因，至今众说纷纭，莫衷一是。

　　一种最流行的说法是，王昭君因自傲，未买通画工毛延寿，因而被丑化。未能遭皇上宠幸的昭君觉得在宫中没有意思，于是自请去匈奴。经汉元帝同意，她便出塞去和亲了。

　　据《汉书·元帝纪》和《西京杂记》所载："王昭君，西汉南昭秭归（今属湖北）人，名嫱。"晋时为避司马昭讳，她又被称为明君和明妃。相传，她是齐国王襄的女儿，竟宁元年（公元前33年），17岁的王嫱被选入宫中，汉元帝是按画工的画像选宫女的，为了能被皇上召幸，深居后宫的宫女们，总想让画工把自己画得美点。所以，她们不惜花费重金贿赂画工。

　　王昭君初入宫廷，一来不懂这些规矩，因而没有准备这笔贿金；二来觉得自己天生美貌，不怕皇上不召见。据说，画工毛延寿在画王昭君的眼睛时，便开口说："画人的传神之笔在于点睛，是一点千金呀！"对毛的暗示昭君虽心领神会，但没有买他的账，反而讥讽了他几句。毛延寿见她如此傲慢，便把那点该点到昭君眼睛上的丹青点到了她的脸上。

多了这么一点，王昭君因而苦守了不知多少时光。

这时，恰好匈奴呼韩邪单于来朝，要与汉人和亲。王昭君久居深宫，觉得面见圣上无望，积怨甚深，便主动要求离汉宫去匈奴。汉元帝原想她毫无姿色，因此同意了她的要求。

↑ 王昭君

到了呼韩邪单于与昭君离开的那一天，汉元帝见王昭君丰容盛饰，美冠汉宫，不禁大吃一惊。他本想留下她，可是怕与人失信，只好忍痛割爱，让王昭君出塞和亲。据传，后来汉元帝对画工毛延寿大为恼火，想要杀掉毛延寿等画工。

王昭君到了匈奴，生儿育女，俨然一个贤妻良母。可是好景不长，呼韩邪单于驾崩。阏氏之子继位。依匈奴习俗，王昭君要嫁给继子为妻。昭君不从，上书汉朝要求回汉宫。此时元帝已死，成帝即位，成帝敕令她从胡俗，无奈之下昭君又成了单于阏氏。又传，王昭君觉得屈辱，最后服药而死。

历史上还有一说，王昭君之所以出塞，是毛延寿设下的救国计策。宫廷画工见王昭君美貌异常，怕汉元帝贪恋其美色而步纣王后尘，于是将昭君有意丑化。后汉元帝见昭君真面目虽想反悔但最终忍痛割爱。历史上一些文人大大赞扬了毛延寿此举，认为他这样做不但使元帝免于沉溺女色之祸，而且昭君出塞确实对边疆的安宁起到了积极的作用。

正史中记载，王昭君出塞和亲，对汉边疆的安宁确实起了积极的作用。从此，汉匈关系和睦，这说明政治联姻对于汉匈外交起到了积极作用。

杨贵妃下落之谜

　　杨玉环（公元 719—公元 756 年），原籍蒲州永乐（今山西永济）人。开元七年（公元 719 年）年六月一日生于蜀郡（今四川成都），出身宦门世家，曾祖父杨汪是隋朝的上柱国、吏部尚书，唐初被李世民所杀，父杨玄琰，是蜀州司户，叔父杨玄珪曾任河南府土曹。杨玉环的童年是在四川度过的，10 岁左右，父亲去世，她寄养在洛阳的三叔杨玄珪家。

　　杨玉环天生丽质，加上优越的教育环境，使她具备有一定的文化修养，性格婉顺，精通音律，擅歌舞，并善弹琵琶。

　　开元二十二年（公元 734 年）七月，唐玄宗的女儿咸宜公主在洛阳举行婚礼，杨玉环也应邀参加。咸阳公主之胞弟寿王李瑁对杨玉环一见钟情，唐玄宗在武惠妃的要求下当年就下诏册立她为寿王妃。婚后，两人甜美异常。

　　开元二十五年（公元 737 年）十二月初七，唐玄宗宠爱的武惠妃病逝，玄宗因此郁郁寡欢。在心腹宦官高力士的引荐下，唐玄宗把目光投向了和武惠妃相似的儿媳杨玉环。

　　开元二十八年（公元 740 年）十月，与李瑁成亲五载的杨玉环离开寿王府，来到骊山，此时她才 22 岁，玄宗则 56 岁，玄宗先令她出家为女道士为自己的母亲窦太后荐福，并赐道号"太真"。

天宝四年，唐玄宗把韦昭训的女儿册立为寿王妃后，遂册立杨玉环为贵妃，玄宗自废掉王皇后就再未立后，因此杨贵妃就相当于皇后。

杨玉环自入宫以来，以自己的妩媚温顺及过人的音乐才华受到玄宗的百般宠爱。天宝十五年（公元756年）六月，洛阳失陷，潼关失守。唐玄宗仓皇逃离京师长安，其宠妃杨玉环死于马嵬驿。对于杨贵妃的最后归宿，至今还留下许多疑团，可谓众说纷纭，莫衷一是。

有人说，杨玉环可能死于佛堂。《旧唐书·杨贵妃传》记载：禁军将领陈玄礼等杀了杨国忠父子之后，认为"贼本尚在"，请求再杀杨贵妃以免后患。唐玄宗无奈，与贵妃诀别，"遂缢死于佛室"。《资治通鉴·唐纪》记载：唐玄宗是命太监高力士把杨贵妃带到佛堂缢死的。《唐国史补》记载：高力士把杨贵妃缢死于佛堂的梨树下。陈鸿的《长恨歌传》记载：唐玄宗知道杨贵妃难免一死，但不忍见其死，便使人牵之而去，"仓皇辗转，竟死于尺组之下"。乐史的《杨太真外传》记载：唐玄宗与杨贵妃诀别时，她"乞容礼佛"。高力士遂缢死贵妃于佛堂前的梨树之下。陈寅恪先生在《元白诗笺证稿》中指出："所可注意

← 杨贵妃雕像

者，乐史谓妃缢死于梨树之下，恐是受香山（白居易）'梨花一枝春带雨'句之影响。果尔，则殊可笑矣。"

杨贵妃也可能死于乱军之中。此说主要见于一些唐诗中的描述。杜甫于至德二年（公元757年）在安禄山占据的长安，作《哀江头》一首，其中有"明眸皓齿今何在，血污游魂归不得"之句，暗示杨贵妃不是被缢死于马嵬驿，因为缢死是不会见血的。李益所作七绝《过马嵬》和七律《过马嵬二首》中有"托君休洗莲花血"和"太真血染马蹄尽"等诗句，也反映了杨贵妃为乱军所杀，死于兵刃之下的情景。杜牧《华清宫三十韵》的"喧呼马嵬血，零落羽林枪"；张佑《华清宫和社舍人》的"血埋妃子艳"；温庭筠《马嵬驿》的"返魂无验表烟灭，埋血空生碧草愁"等诗句，也都认为杨贵妃血溅马嵬驿，并非被缢而死。

杨贵妃之死也有其他的可能，比如有人说她系吞金而死。这种说法仅见于刘禹锡所用的《马嵬行》一诗。刘氏之诗曾写道："绿野扶风道，黄尘马嵬行，路边杨贵人，坟高三四尺。乃问里中儿，皆言幸蜀时，军家诛佞幸，天子舍妖姬。群吏伏门屏，贵人牵帝衣，低回转美目，风日为天晖。贵人饮金屑，倏忽舜英暮，平生服杏丹，颜色真如故。"从这首诗来看，杨贵妃是吞金而死的。陈寅恪先生曾对这种说法颇感稀奇，并在《元白诗笺证稿》中作了考证。陈氏怀疑刘诗"贵人饮金屑"之语，是得自"里儿中"，故而才与众说有异。然而，陈氏并不排除杨贵妃在被缢死之前，也有可能吞过金，所以"里儿中"才传得此说。

还有人认为，杨贵妃并未死于马嵬驿，而是流落于民间。俞平伯先生在《论诗词曲杂著》中对白居易的《长恨歌》和陈鸿的《长恨歌传》作了考证。他认为白居易的《长恨歌》、陈鸿的《长恨歌传》之本意，盖另有所长。如果以"长恨"为篇名，写至马嵬已足够了，何必还要在后面假设临邛道士和玉妃太真呢？职是之由，俞先生认为，杨贵妃并未死于马嵬驿。当时六军哗变，贵妃被劫，钗钿委地，诗中明言唐玄宗"救不得"，所以正史所载的赐死之诏旨，当时绝不会有。陈鸿的《长恨歌传》所言"使人牵之而去"，是说杨贵妃被使者牵去藏匿远地了。白居易《长恨歌》说唐玄宗回銮后要为杨贵妃改葬，结果是"马嵬坡下泥中土，不见玉颜空死处"，连尸骨都找不到，这就更证实贵妃未死于马嵬驿。值得注意的是，陈鸿作《长恨歌传》时，唯恐后人不明，特为点出："世所知者有《玄宗本纪》在。"而"世所不闻"者，今传有《长恨歌》，这分明暗示杨贵妃并未死。

还有一种说法认为，杨贵妃逃亡日本，日本民间和学术界有这样一种看法：当时，在马嵬驿被缢死的乃是一个侍女。禁军将领陈玄礼惜贵妃貌美，不忍杀之，遂与高力士谋，以侍女代死。杨贵妃则由陈玄礼的亲信护送南逃，行至现上海附近扬帆出海，漂至日本久谷町久津，并在日本终其天年。

有一种离奇的说法是杨贵妃远走美洲。中国台湾学者魏聚贤在《中国人发现美洲》一书声称，他考证出杨贵妃并未死于马嵬驿，而是被人带往遥远的美洲。杨贵妃的下落至今仍然是未解之谜。

慈禧身世之谜

慈禧太后是晚清政治舞台上的重要人物，实际执掌朝政达48年之久。百年间，海内外关于慈禧的著述和影视作品不下百种，但其中谈及其出生地及童年经历的却极为罕见，系统介绍其从出生到入宫这段经历的更是不曾发现，因而，著名清史专家俞炳坤先生在《慈禧家世考》中说：对于慈禧家世的研究，却始终是一个较为薄弱的环节。这不但表现在所记史实过于简略，留有许多空白，而且众说纷纭。""慈禧的出生地究竟在哪里……似乎至今仍未有明确的答案。"

慈禧家的具体地点至今没有解决，慈禧入宫时选秀女的"排单"至今也没有发现，所以慈禧的出生地点以及身世仍存在着如下五种异说。

第一，慈禧出生在甘肃兰州说。是根据慈禧的父亲惠征曾任过甘肃布政使衙门的笔帖式。传说慈禧出生在当年他父亲住过的兰州八旗马坊门（今永昌路179号院）。但是，经过专家查阅文献、档案，发现惠征虽然做过笔帖式，但其地点是在北京的吏部衙门，而不是在兰州的布政使衙门。

第二，慈禧出生在浙江乍浦说。是根据慈禧的父亲惠征曾在浙江乍浦做官。《人民日报》曾发表一篇小文，题目是《史界新发现——慈禧生于浙江乍浦》。这篇文章说：慈禧的父亲惠征，在清道光十五年至十八年(公元1835—1838年)间，曾在浙江乍浦做过正六品的武官骁骑校，而慈禧正是在这段时间出生的，所以她的出生地在浙江乍浦。这篇文章又说：在现今乍浦的老人当中，仍然流传着关于慈禧幼年的传说。当时的规定，京官每3年进行一次考核。学者查阅清朝考核官员的档案记载：这时的惠征被考核为吏部二等笔帖式，3年后又被"懿妃（慈禧）遇喜大阿哥"，档案作为吏部笔帖式进行考试，可见这时惠征在北京做吏部笔帖式，为八品文官。所以，这种说法值得怀疑：其一，惠征不能同时既在北京做官又在浙江做官；其二，官职也不对，在京师是文官，在浙江是武官；其三，品级也不合。

← 慈禧太后

第三，慈禧出生在安徽芜湖说。是根据慈禧的父亲惠征曾做过安徽徽宁池太广道的道员。道员衙署在芜湖，因此说她出生在芜湖。慈禧既然生长在南方，便善于演唱江南小曲，由此得到咸丰帝的宠幸。一些小说、影视多是这么说的。电影《火烧圆明园》中有一个情节，兰贵人（就是后来的慈禧）在圆明园"桐荫深处"唱一曲缠绵小曲，咸丰皇帝听得如醉如痴，从此博得宠爱。显然，不能以慈禧擅唱南方小曲，孤立地作为她出生在南方的证据。就像有些人会唱黄梅戏，不能以此证明出生在安徽一样。根据历史记载：惠征当徽宁池太广道员是在咸丰二年（公元1852年）二月，正式上任是在同年七月。而慈禧已经在咸丰元年（公元1851年）入宫，被封为兰贵人；档案中还保存有兰贵人受到赏赐的赏单。可见慈禧不会是生于安徽芜湖。

第四，慈禧出生在今内蒙古呼和浩特说。是根据慈禧的父亲惠征曾任过山西归（化）绥（远）道的道员。清代的绥远城，今为内蒙古自治区呼和浩特市，这种说法又称为内蒙古说。慈禧的父亲惠征当年曾任山西归绥道，道署在归化城（今呼和浩特市）。据说在呼和浩特市有一条落凤街，慈禧就出生于落凤街的道员住宅里，甚至传说慈禧小时候常到归化城河边玩耍。但文献记载，道光二十九年（公元1849年），惠征任山西归绥道道员时，慈禧已经15岁，所以说慈禧不可能出生于归化城。不过，慈禧可能随父惠征在归化城住过。慈禧的外祖父惠显，从道光十一年至十七年（公元1831—1837年）年，在归化城做官，当过副都统。慈禧可能在外祖父家住过。以上就成为慈禧出生归化（今呼和浩特）说的一个历史的影子。慈禧的母亲不可能从北京回娘家生孩子，因为这在当时既路途遥远，也不合礼法。所以，慈禧不大可能出生在今呼和浩特市。

像雾一样，慈禧太后的身世一直是个谜。原长治市地方志办公室副主任刘奇的研究成果表明：叶赫那拉氏乃是汉人，生于山西省长治县（今同长治市），并在此度过童年。

1989年6月，长治市郊区（原属长治县）下秦村77岁的村民赵发旺带着他和上秦村宋双花、宋六则、宋德文、宋德武等人的联名信，找到长治市地方志办公室。赵发旺说，慈禧是上秦村人。他是慈禧太后的五辈外甥，宋双花、宋六则等人是慈禧的五辈侄孙。他们要求政府帮助澄清。从此，刘奇踏上了慈禧童年的研究之路。佐证材料的不断丰富，愈加增强了刘奇的信心，有关著述也颇见报端。

在文化部中国艺术研究院主持召开的"共和国社会主义文学艺术五十年研讨会"上，刘奇撰写的《揭开慈禧童年之谜》，获得一等奖。这篇 7000 余字的论文，集中阐述了慈禧的身世问题。

据刘奇考证，1835 年，慈禧出生在山西长治县西坡村一个贫穷的汉族农民家庭，取名"王小谦"。4 岁时，被卖给本县上秦村宋四元为女，改名"宋龄娥"。12 岁时，又被卖给潞安府知府惠征为婢，改名"玉兰"（兰儿），并在衙西花园专设书房中获精心培养。咸丰二年（公元 1852 年），以叶赫那拉惠征之女的身份，应选入宫，平步青云，直至皇太后。

刘奇的主要依据有 38 项，大致分为民间口传史料、历史实物和典籍文献 3 大类。

↑ 慈禧太后坐在龙椅上

百余年来，长治县西坡、上秦两村村民及附近村庄的老人，都说慈禧是本地人。写成书面材料表达此意的，就有150余人。长治县有慈禧出生地遗址和慈禧生母之坟，分别位于西坡村刑部角田花则老人旧宅西面、西坡村外羊头山西麓荒滩岸边。上秦村关帝庙后，有保存完好的"娘娘院"。慈禧进宫当"朝廷娘娘"后，村里乡亲就称慈禧童年住过的宅院为"娘娘院"，并且一直流传至今。长治市城区原潞安府衙后院保留有"慈禧太后书房院"。

慈禧后裔保存着5件相关的文物：西坡村王培英家的家谱，其中有慈禧的乳名及"王小谦后来成为慈禧太后"等文字记载。上秦村宋六则和宋德文家祖传的光绪、宣统年间清廷制作的皮夹式清代帝后宗祀谱。还有，宋六则家中的慈禧寄给其堂兄宋禧馀的信件残片和慈禧本人的单身照片。

10年间，除实地勘察外，刘奇还查阅了大量的历史文献。关于叶赫那拉氏生活习惯和言行的记载，表明慈禧与山西长治有着千丝万缕的联系。

慈禧用长治七里坡村韩印则的二老奶奶当奶妈，用长治小常村陈四孩作御厨，安排长治史家庄村原殿鳌担任御前侍卫，并袒护他。原殿鳌任御前侍卫期间，因触犯刑律，本当处斩，慈禧念其是同乡，免其死罪，并让他到江西做官。慈禧特别关照长治籍官员、长治地方官和山西商人。

1900年八国联军打进北京。"8月29日，慈禧与光绪逃至大同，在此留住三日"。兵荒马乱中，仍"召见潞安知府许涵度"、"擢冀宁道"。

慈禧喜食长治人常吃爱吃的萝卜、团子、壶关醋、襄垣黑酱、玉米渣粥、沁州黄小米等；好吸长治人爱吸的水烟，不吸关东烟（旱烟）；爱看上党梆子。《壶关文史资料》记载，光绪二十一年（1895年），壶关上党梆子戏"十万班"进京为慈禧太后祝寿演出，轰动一时。慈禧看后亲笔题词"乐意班"，并钦旨不支官，不纳税。

慈禧善唱小曲，且多是山西民歌。一次，咸丰皇帝问慈禧："为什么山西等地的民歌唱得好而满歌却唱不了？"她说："我幼年随父在潞安府长大，对那里的民歌熟悉。"

台湾史学家高阳在《慈禧前传》中说，慈禧"只认识汉字，不认识满文"。慈禧御前女官裕德龄在《清宫二年记》中写道：太后说，"我喜欢乡村生活，我觉得那比起宫里的生活来自然得多了"；西太后还有自己的田庄，每隔四五天，就要到田里去看一次。

"慈禧太后本是山西汉人"的观点得到有关专家学者的支持和认同，并被《明清四大太监丛书·皇妃身边的贴心人——安德海》（北方文艺出版社 1997 年版）和《西风瘦马——恭亲王奕䜣传》（作家出版社 1998 年版）等著述所采纳。

山西大学教授姚奠中认为，刘奇的研究成果"初步解决了慈禧童年这段历史空白问题"。中国史学会副秘书长、原中国人民大学历史系主任王汝丰教授和张革非教授在《慈禧童年考》（刘奇主撰）的序中写道：本文"言之有据，并非凭空臆断。这本书的出版，是对慈禧研究中一个范弱环节的重要补充。""如果否定其著述中的个别论据或某些枝节，比较容易；但如果全盘否定其结论，没有充分根据，似亦很难。"中国人民大学一位近代史教授说，关于慈禧的出生地，以往有 5 种说法，目前北京说和山西说可暂时并存。

Part 3

历朝皇帝之谜

秦始皇死于何因

公元前 210 年，被称为"千古一帝"的秦始皇死于他第五次东巡途中。秦始皇死于何因？史学界有两种截然不同的观点，一说死于疾病，一说死于非命。

持死于疾病说的认为，秦始皇早年患过结核性脑膜炎，后又得了癫痫病，并经常发作。公元前 218 年，秦始皇东巡时，在阳武博浪沙遭人行刺，身后的一辆副车被刺客用重锤砸得粉碎。随后，又发现了刻有"始

↑ 秦始皇画像

皇帝死而地分"的陨石和出言"今年祖龙死"的"仙人"。秦始皇很迷信，这些现象使他感到恐惧不安。为了消灾避难，寻找长生不老药，秦始皇听从了一名相卜者的建议，进行第五次巡游。但这次巡游不仅没有使他消灾和获得长生不老之药，反而使他由于劳累和紧张引发了癫痫病。

犯病时，他的头重重地撞到车内用来消暑的青铜冰鉴上，脑部受到撞伤，导致结核性脑膜炎复发，虽经御医全力抢救，但终因医疗条件限制，最后死于沙丘。

持死于非命说的，以原科学院院长、著名史学家郭沫若为代表。郭沫若认为，秦始皇在巡游途中复发了癫痫病，头部受撞，引发结核性脑膜炎，但这种病绝不会在几天之内就致人死命，而可以维持二三周时间，这段时间足可以回到咸阳。郭沫若认为，秦始皇是被他小儿子胡亥害死的。郭沫若分析，当时秦始皇虽然病重，但意识很清楚，为稳定秦王朝，亲笔写下了传位长子扶苏的木简遗诏，让赵高派人送给远在上郡的扶苏；而赵高却与李斯密谋传位给胡亥，并将遗诏改为"赐死扶苏、蒙恬"，但当时他们还怕秦始皇再次醒来，所以，没有敢立即将篡改的遗诏送出去。可当他们第二天去看秦始皇时，发现秦始皇已死去多时，右耳流着黑血，身子都硬了。郭沫若认为，这是胡亥害怕夜长梦多，担心赵高、李斯发生动摇而下的毒手，很可能是将一根长3寸的铁钉从秦始皇的右耳钉入脑颅，致其死亡。这事李斯和赵高事先也不知道。

这两种观点，至今尚无定论。不过，人们对解开此谜充满信心，因为据考察，秦始皇陵没受破坏，秦始皇遗体尚在，而且墓中大量水银形成的水银蒸汽对遗体有冷凝防腐作用。待秦始皇陵发掘之时，不仅秦始皇死亡之谜可以解开，而且还可能看到秦始皇入葬时的遗容。

刘邦是非婚生子吗

在刘邦逝世 2200 周年，这位祖籍徐州沛县的皇帝又一次成为关注热点。他出身寒微，却成就了汉代 400 年帝业，使中国封建社会登上第一个高峰。然而历史上真实的刘邦身世如何？他是父母所生，还是出于婚外情的"产物"？

丰县北环路上的龙雾桥下附近，两个破败的四角亭孤零零地立在东岸，其下各竖立着一方石碑。其一为"重修丰县龙雾桥庙记"，为明景泰元年（公元 1450 年）所刻，碑文称："况龙也雾也，乃天

↑ 刘邦雕像

地阴阳之全，变化聚散，皆不可测，是以龙兴雾翁，理势必然，而以为斯桥之名，断自汉高初生，母遇蛟龙而得。"另一块是"丰县重修龙雾桥碑记"，为清康熙五十九年（公元1720年）所刻，碑文称："……至于之所谓龙雾桥者，乃汉高帝受妊之始，龙环雾绕，而桥以名焉。"据说，这两块碑刻是1981年4月在梁楼村的麦田中发现的，后被移置于此。据此判断，这一带应该是传说中刘邦的母亲遇蛟龙而怀上刘邦的地方。

关于刘邦的身世及其母怀上刘邦的经过，《史记》和《汉书》里均有类似记载，称："高祖，沛丰邑中阳里人，姓刘氏，字季兴，父曰太公，母曰刘媪。其先，刘媪尝息大泽之陂，梦与神游。是时雷电晦冥，太公往视，则见蛟龙于其上。已而有身，遂产高祖。"意思是说，刘母生刘邦前，曾在大泽的堤岸上休息小睡，正好碰上雷鸣电闪、天色阴暗，刘父前来寻视，却见一只蛟龙卧在妻子身上，不久刘母怀孕，生下了刘邦。用常规眼光看，这个记载只能是神话传说而已，而绝非史实。但问题并不那么简单。

大凡开国皇帝的诞生，总会被后人编排出一些非凡的神奇故事来，以凸显皇帝出身高贵、皇权天授的命题。

徐州师范大学71岁的老教授王云度对此作了长期的研究，他细读《史记》，潜心思考，终于从人们翻烂了的书页中发现了一个隐藏的秘密：刘邦其实是非婚生子，是在大家庭歧视的目光中成长起来的孩子，正因如此，他才形成了与众兄弟迥然不同的豁达性格和反抗精神，较早走向社会，并进而成就一番惊天动地的大事业。

王教授说，统观《史记》，里面确实有一些关于部族先祖出生的神话，如记载殷的先祖契的母亲是吞食鸟卵而生等等，但他们都生活在远古蒙昧时代，当时实行的是群婚制，在只知其母不知其父的情况下将其出生神化，是可以理解的。而刘邦则不同，他生活的年月早已进入配偶制的文明时代，这时的文人如要神化皇帝的出生，是不会在文字中留下直接的非婚生育的痕迹的。司马迁的描述则与众不同，他采取婉转的叙述手法，曲折地表现了这样的场景：雷雨交加的野外，刘母与一避雨的陌路人逢场作戏怀上了刘邦。这情景又恰巧被丈夫看在眼里。在这里，司马迁一面"神化"皇帝，一面依然坚持了自己的史笔原则。假如司马迁纯粹出于神化皇帝出生的需要，那就不会如此赤裸裸地记载刘母与"蛟龙"（他人）发生婚外性关系的真实情景了。

《史记》讲刘邦生得仪表非凡，却不讨其父亲太公的喜欢，常被指责为"亡（无）赖"，不能"治产业"。"及壮"，也就是到了30岁，才与好友一起"学书"，"试为吏，为泗水亭长"。他的成长过程与诸兄弟截然不同，显示出他从小在家里是备受歧视的。太公亲眼见到妻子有外遇，这不愉快的情绪自然会发泄到刘邦身上。在这个大家庭中，连刘邦的嫂子也厌恶这个小叔。《史记·楚元王世家》里便有这样的记载，刘

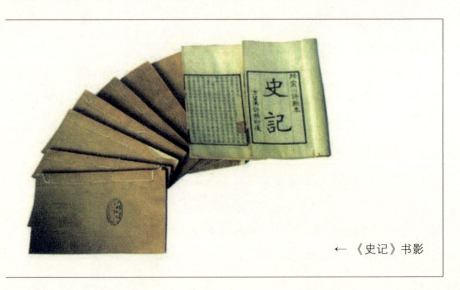

← 《史记》书影

邦微贱的时候，曾为躲避难事，带宾客到大嫂家吃饭。"嫂厌叔"，客人来时，嫂子就假装羹汤已吃完，用勺子刮锅，宾客离去后，刘邦却见锅里有羹汤，"高祖由此怨其嫂"。直到当了皇帝，兄长的儿子"独不得封"，太公出面说情，才封了个具有讽刺意味的"羹颉侯"。因为"羹颉"并非县邑名，而是暗含当年长嫂佯为羹尽那件往事。

王教授认为，正由于刘邦年轻时在家中得不到温暖，这才促使他投身社会，广交朋友，成为"仁而爱人，喜施，意豁如也，常有大度，不事家人生产作业"，而有远大抱负的人。这些与他后来出类拔萃、成就帝业有着直接关系。

王教授的独到见解引起史学界的兴趣与关注，国内一些学者对此表示赞赏，日本东京大学教授、秦汉史研究会会长尾形勇先生也来信称，王教授的观点使他"很受启发"。

当然，也有学者不赞成这一观点。他们认为，农民出身的刘邦当上皇帝后，其卑微的出身使当时许多封建贵族难以接受。刘邦的部下及其后代也需要神化刘邦，因为他们大多出身贫寒或低级官吏，一步登天之后，也需要有维护其统治的舆论为之张目。《史记》那样描述刘母怀孕的情景，正是顺应了统治阶级的需要。从司马迁来说，他与当时的儒士们一样，要服务于皇权，积极参与对刘氏家族的造神运动是理所当然的事。因此，《史记》、《汉书》对刘邦出生的记载应是神话，这在古代史书中并不鲜见，对此应结合其产生的历史背景细致探究。

隋文帝死于何因

　　隋文帝是隋朝的开国皇帝，中国历史上一个极有政治魄力的君主。他的最后人生历程引起了人们极大好奇，因为一些史书记载他的死亡十分离奇，多年来成了诸多学者关注的一大热点。事实上，隋文帝的死是一件至今没有定论的公案，很难说得清楚。

　　隋文帝杨坚是中国历史上实现第二次大一统的关键人物，有人认为是可以和秦始皇、宋太祖、元世祖相并列的政治家。在他执政的时期，他建立起了一个巩固的中央集权的政权，出现了安定的局面，并推行了一系列发展社会生产的有力措施。然而隋文帝在皇储问题上的失误，直接导致了他最终离奇死亡的结局。

　　581年，杨坚以后周外戚

↑ 隋文帝杨坚画像

国丈的身份篡夺了帝位,建立了隋朝,史称隋文帝。隋文帝共有 5 个儿子,均为独孤皇后所生。隋文帝登上皇位后,即立长子杨勇为太子,次子杨户为晋王。后来,文帝将杨勇废为庶人,立善于伪饰的晋王杨广为太子。公元 604 年四月,隋文帝得病,七月病重,不久死于仁寿宫。

对于隋文帝的死因,目前学术界大致形成两种观点:第一种观点认为隋文帝之死属于他杀。据史书记载,隋文帝杨坚病重期间,尚书仆射杨素、兵部尚书柳述等因皇帝病重而入宫侍奉,太子杨广也住进宫中的大兴殿。杨广见文帝的病情危在旦夕,就亲手写信给杨素,让杨素密切注意文帝的情况,并询问今后该怎么办。不料杨素的回信被宫人误送到文帝处,文帝看后非常震怒。

独孤皇后死后,文帝最宠幸的是宣华夫人和容华夫人。宣华夫人陈氏是南朝陈后主的妹妹,人长得很漂亮,号称"江南第一美人",杨广对她的美貌垂涎已久。当晚,陈夫人在旁侍疾,早晨出来更衣时被杨广撞见。杨广欲对陈夫人无礼,被陈夫人奋力挣脱。当陈夫人衣衫不整、神色慌乱地跑到文帝病榻前时,文帝气愤异常,大骂道:"这个畜生如此无礼,怎能担当治国的大任!"

盛怒之下命令柳述说:"召我儿。"柳述以为要召杨广,文帝急忙纠正道:"勇也。"大怒中的文帝要重立杨勇为太子,废黜杨广。柳述起草诏书后让杨素过目,杨素是杨广的心腹,自然不肯召杨勇。杨广马上假传圣旨,命亲信左庶子张衡立即入大宝殿侍候文帝。张衡进入大宝殿,就把宫人和卫士全都赶出殿外。一会儿,张衡出殿宣布文帝已经驾崩。一时间,朝野上下议论纷纷,认为是张衡杀死了文帝。至于张衡是如何杀死文帝的,史书的记载有较大的出入,《大业略记》记载张衡以毒药害死文帝,而《通历》记载张衡"拉帝,血溅屏风,冤痛之声闻于外,崩"。

相似的记载还见于《隋书》卷 36《后妃·宣华夫人陈氏传》。

第二天，杨广继皇帝位为炀帝，为文帝发丧，并派人以文帝遗诏的名义杀死杨勇。杨勇的 10 个儿子，长子被当场毒死，其他 9 个被流放到岭南后，诏令当地官员把他们全部杀死。

文帝死后，陈夫人惊恐不安，忽然收到杨广派人送来的一个金盒子，用纸封口，上有杨广亲笔书写的封签。陈夫人认为里面必是毒药，非常害怕，不敢启封，在使者的催逼下，万不得已才打开盒盖。出乎她的意料，盒内装的原来是几枚同心结。边上的宫人见此都非常高兴，相互庆贺炀帝是不会杀人灭口了。当天夜里，文帝尸骨未寒，杨广就在宫内占有了名分上是他后母的陈夫人。文帝的另一个宠妃容华夫人，不久也被杨广占有。

今天，当我们从史书记载的真实性来看，促使隋炀帝杀害隋文帝的原因是调戏陈夫人不成，这一传说显然是讲不通的。因为早在文帝病重之前，想要夺取太子之位的杨广就与陈夫人打过交道，当时他经常送陈夫人"金蛇"、"金驼"一类的贵重物品，其目的自然是让陈夫人在父亲面前替自己说好话。而开皇二十年更换太子，陈氏也"颇有力焉"，说明他们之间曾经有过政治合作关系。所以，在文帝病危之时，杨广又是合法的皇位继承人，陈氏怎么可能开罪杨广呢？基于这一点，有学者认为调戏陈氏一事充其量只是一种偶然性的促发因素，真正导致仁寿四年宫廷政变的原因，是中央政治变动。

在杨广夺取太子之位的进程中，有一个人的作用不可忽视，那就是他的母亲独孤皇后。她是杨广夺位的主要支持者，也是打击反对杨广势力的主要力量。但是，独孤后却于仁寿二年（公元 602 年）去世。她的死，使杨广集团不得不直接面对来自各方面政治反对派的压力。这些压力，首先来自杨秀和杨谅这两个杨广的弟弟。杨秀"性甚耿介"，对于杨广通过并不光明的手段夺得太子之位，他是第一个站出来反对的人；杨谅更是以防御突厥入侵为由厉兵秣马，加强自己的军备。"秀窥眠、蜀之阻，谅起晋阳之甲"，很好地概括了当时的局面。其次的压力是来自朝臣及州郡牧守的威胁，主要人物包括梁毗、裴肃、柳述等，他们的主要攻击目标是杨广的心腹杨素。隋文帝对于梁、裴、柳等人针对杨素的上书和谏言，虽没有尽纳其意，但是的确对杨素日渐疏远了。在慢慢夺去杨素实权的同时，文帝对柳述等人日渐宠信。这样，仁寿中的这些政治变动使得杨广集团曾经有过的优势再度失衡，拥重兵而"阴怀异图"的杨谅，以及被废为庶人的杨勇，都有可能重整旗鼓取杨广而代之。在这种局势下，为了保护来之不易的太子之位，杨广就不得不先下手为强杀害了自己的父亲。

另外，有学者认为隋文帝并非是杨广所杀，他是病死的。持这一观点的学者首先对《大业略记》和《通历》提出了批评。他们认为这两本史书本身存在许多常识性的错误。比如《大业略记》不但把绯闻案的女主角搞错了，而且将二十一日发丧误作十八日。甚至说杀文帝的首犯是宰相杨素，次为左庶子张衡，用的是毒药，但这一点没有任何一本史书能够提供证据。《通历》也是如此，试想在文帝与百官诀别的庄严时刻，身为太子的杨广怎么可能跑到别室去非礼陈夫人？而且文帝明知杨素是杨广集团的核心人物，怎么可能让他去召杨勇废杨广？再者，行凶的手段为"拉杀"，且"冤痛之声闻于外"，这样的暗杀也太过于明目张胆了。基于以上种种疑点，加上《大业略记》的作者赵毅为初唐人，在隋末唐初的特定历史环境中，人们普遍对隋炀帝深恶痛绝，在记述文帝死因问题上不可避免要掺杂个人的思想感情，以期引起人们对隋炀帝的憎恨。

《通历》的作者马总生于中唐，他的记载很多地方经不起推敲。既然杀文帝时左右没有人，冤痛之声怎么会闻于外？所以，《大业略记》和《通历》似市井流言，不足为凭。

除此以外，学者们认为还有许多理由可证明隋文帝并非杨广所杀。自仁寿四年春，文帝已退出政治舞台，这时隋炀帝虽位居太子，实际上已成为摄皇帝。朝廷之事，"事无巨细，并付皇太子"，隋炀帝用不着再冒杀父罪名；七月，文帝已病入膏肓，不久即将离开人世，杨广继位已是时间问题，没有必要再弑其父。况且一个生命垂危的病人，已对杨广构不成任何威胁；此外，根据文献的记载，自杨广继太子之位起，与其父的关系一直很融洽。他的才干和魄力受到文帝的赏识，两人之间没有利害冲突；再就仁寿宫所处的地理位置而言，杨广与杨素的卫兵一旦控制宫禁与交通，则一切尽在掌握之中。杨广应该不会愚蠢到谋杀垂死的父亲，授人以致命的把柄的程度。

隋文帝究竟是怎样死的，仍然是历史上的一个谜团。

唐太宗早逝之谜

武德九年（公元 626 年）六月四日"玄武门之变"，太子李建成和齐王李元吉被杀，李世民被立为太子，两个月之后，李世民登基，时年 28 岁，史称唐太宗。李世民在位 23 年，他接受了隋亡的教训，广开言路，大胆启用贤臣，励精图治，与民休养生息，使社会逐步安定下来，国势空前强盛，开创了历史上有名的"贞观之治"鼎盛时期。

但是，在他做了十几年皇帝之后，过惯了安逸享乐的生活，渐渐地也趋向了奢侈腐化。他修复了隋炀帝在洛阳建的豪华宫室。李世民还霸占了太子李建成的妃子杨若惜，还把已故大臣武士镬的 14 岁的女儿选为才人，给她起了个名字叫"媚"，这就是"武媚娘"，后来的武则天。李世民的"晚

↑ 唐太宗李世民画像

年"，也就是他做皇帝的最后几年，一反常态，既迷信占卜，又痴迷丹药，竟在53岁英年早逝。

唐太宗在执掌大唐江山的前期，对道教的方术迷信是不屑一顾的，并且还对秦皇汉武的求仙活动持批判的态度。据《旧唐书·太宗纪》载，贞观元年（公元627年）十二月，他对身边侍臣谈到："神仙事本虚妄，空有其名。"唐太宗说，秦始皇上了方士的当，派遣数千童男童女随徐福入东海求仙药，结果一去音信全无；汉武帝求神仙，竟将女儿嫁给道家术士，到头来没有灵验，又大开杀戒。"据此二事，神仙不烦妄求也。"这里，开明的唐太宗心里十分明白，秦始皇、汉武帝的求仙活动都是虚妄的！

《贞观政要》载道，对南北朝时期的梁武帝迷信佛道导致国破家亡，唐太宗认为应该牢牢记取这个教训，他说："（南朝）梁氏父子，志尚浮华，惟好释氏、老子之教，致使国破家亡，足为鉴戒。"

唐太宗反对图谶迷信，贞观五年（公元631年）他曾谈到："此诚不经之事，不能爱好。"

直至贞观十一年（公元637年）二月的一道诏书，唐太宗还说："夫生者天地之大德，寿者脩短之常数。生有七尺之形，寿以百龄为限。""虽复回天转日之力，尽妙穷神之智，生必有终，皆不能免。"唐太宗的这一诏书，载于《唐大诏令集》，中心意思是说，人不论高低贵贱，都逃脱不掉生老病死这一自然规律。唐太宗的这番话，讲得何等精彩！

这里我们看到，唐太宗在贞观前期，一直显示出批判仙道方术的进步思想和生机勃勃的政治进取精神。唐太宗对神仙方术的祸国是深恶痛绝的。然而，历史竟是这样的曲折多变！唐太宗的晚年，随着功业的隆盛与年岁的增高，也与历史上许多有所作为的封建帝王一样，开始愚蠢地追求长生，服食丹药。对仙道丹药之事，唐太宗突然来了个 180 度的大转弯，其直接原因与其情绪的消沉和健康状况的恶化有关。

从史籍上可知，唐太宗在贞观十六年（公元 642 年）以前多次外出围猎，精神焕发，骑射娴熟，说明他这时还有充沛的精力与健康的体魄。可是，从贞观十七年（公元 643 年）开始，直至贞观二十三年（公元 649 年）临终的 6 年当中，外出围猎仅有一次。这从中透露了一个信息，即他的健康状况趋向下降。

究其原因，太子承乾被废，魏王泰被黜，对他的思想刺激很深，甚至一度产生了自杀的念头。精神上的郁郁寡欢，影响了他的身体健康。以前很少服药的唐太宗，这时开始服食药石了。据《贞观政要》载，当时有太子右庶子高季辅上疏陈述政事得失，唐太宗认为他说的有益于国，"特赐钟乳一剂，谓曰：'卿进药石之言，故以药石相报。'"元戈直作注说："钟乳，产于石，食之使人通气生胃。"此药是唐太宗当时常服的。由此可知，他在这时已患了消化不良症，不得不接触"药石"了。

影响唐太宗健康状况下降的另一个事件是贞观十九年（公元 645 年）征伐的失败。《旧唐书·刘洎传》载，唐太宗于这年秋末"辽东还，发定州，在道不康。"所谓"不康"，是指"病癫"。年底，唐太宗退至并州休整，次年三月返回京师。由于长途跋涉，归程劳累，再加上战争失利，心情郁闷，回到京城后再次病倒。"上疾未全平，欲专保养"，为此下诏由太子李治处理军国大事。

唐太宗的身体时好时坏，在连续一年多的时间里，唐太宗除了早年的"气疾"外，又相继患有"癫疾"、胃病、感冒、风疾等多种疾病。积极的药物治疗未见好转，便滋生了对超自然力量的迷信，寄托于方士的丹药，希望通过长生不老药收到奇效。于是，唐太宗开始服食丹药。

贞观二十一年（公元647年），李世民得了中风的疾病，行动不便。经御医诊治，半年后病体稍愈，可以3天上一次朝了。如继续边治边养，说不定会逐渐康复的。可是，此时的李世民却迷恋上了方士们炼制的金石丹药，希望自己长生不老。他先是服食了国内很有名气的方士炼出的丹药，并不见效，以为国内方士们的道术浅，于是派人四处访求国外高人。

贞观二十二年（公元648年），王玄策借兵吐蕃、泥婆罗，大败中天竺帝那伏帝国，俘虏了其国王阿罗那顺与方士那罗迩娑婆。同年五月，王玄策将这个方士进献给唐太宗。从西方来的"洋方士"那罗迩娑婆"自言寿二百岁，云有长生之术"，宣称能配制金石秘剂。这个谎言打动了唐太宗期望康复、幻想长寿的急切心理。

唐太宗对古印度方士的到来十分欢喜，厚礼相待，请至金飚门宫内配制丹药。还命兵部尚书崔敦礼率一批人马，协助古印度方士炼丹。经过近一年的炼制，到贞观二十三年（公元649年）春，丹药终于出炉，崔敦礼等赶紧奉送入宫，正在病中的唐太宗见到盼望已久的古印度方士炼出的仙丹，如获至宝，按照那罗迩娑婆的嘱咐，依法服食。然而，唐太宗万万没有想到，长生药竟成了催命药，他在三月吃下丹药，身体顿觉不适，病情大为加剧，竟导致"暴疾"，没过两个月就死去了，享年只有52岁。

"杯酒释兵权"的真相是什么

　　"杯酒释兵权"是北宋初年著名的历史事件，说的是宋太祖陈桥兵变夺取天下后，又对那些作为开国功臣的高级将领们产生猜忌，担心兵变夺权的故事重现，于是导演了一出用酒宴解除众将兵权的活剧。千余年来，人们一直将它作为一个真实的历史故事，在各种相关的历史书籍中重复着。然而近来有学者指出，这幕有声有色的

↑ 宋太祖赵匡胤画像

历史剧，很可能出自宋代文人的杜撰和演绎，而不是真实的历史事件。果真如此吗？

　　建隆二年（公元 961 年）七月，也就是在陈桥兵变建立宋朝的第二年。宋太祖召宰相赵普问道："天下自唐末以来，数十年间，帝王就换了

十个姓，战事频繁，苍生涂炭，这是为什么呢？我想从此停止战争，为国家长久考虑，应该怎么做？"赵普回答："陛下能考虑到这些，真天下人民之福也。唐末以来，兵战不息，国家不安，其原因不是别的，而是武将兵权太重，君弱而臣强。今天要治好此患，没有别的奇巧办法，唯有夺其权力，收其精兵，控其财政，天下自然就安定了。"话还未说完，宋太祖插言："卿不用再说，我已明白了。"

一天晚朝结束，宋太祖在宫中摆下丰盛的酒宴，请来石守信、王审琦等一班禁军宿将。饮至酒酣耳热之时，宋太祖屏去左右侍从，对这些故友勋臣说："我没有你们的帮助，就没有今天，你们的功劳非常之大。但做天子也太艰难了，倒不如当节度使来得快活。我现在是长年累月不敢安枕而睡呵！"石守信等人忙问："这是何故呢？"宋太祖说："这有什么不明白的呢，天子这个位置，谁不想坐坐呢？"石守信等人一听，连忙惶恐地起身叩头道："陛下何出此言，如今天命已定，谁敢再有异心？"宋太祖说："不对吧，你们虽然没有异心，你们麾下的将士如果要贪图富贵怎么办？一旦把黄袍加在你身上，你想不干，恐怕也办不到吧。"众将这时已一身冷汗，知道受到猜忌，弄不好就有杀身之祸，于是一边流泪，一边叩首，连声祈求："臣等愚钝，望陛下哀怜，指条生路。"宋太祖坦然开导道："人生一世，草木一秋，所以企求富贵者，不过多积攒些金银，自个好好享乐，也让子孙不再贫穷。你们何不放弃兵权，选择好的田宅买下来，为子孙置下永久的产业；再多买些歌儿舞女，每天饮酒作乐，以终天年。我还可以与你们结成儿女亲家，共享富贵。这样，君臣之间，都无猜疑，上下相安，不是很好吗！"众将听罢，都一再感谢太祖为臣下想得如此周全。

第二天，侍卫亲军马步军都指挥使石守信、殿前司都指挥使王审琦、殿前司副都点检高怀德、侍卫亲军都虞侯张令铎等都上疏称病，求解兵权。宋太祖一概允准，皆以散官就第，并给以丰厚的赏赐，然后派他们出镇地方为节度使，使禁军中资深的将帅都先后离开军队，只剩下几个职位较低、资历浅薄，且才干平庸的将领，皇权比较容易驾驭。宋太祖还将自己的两个女儿分别许配给石守信和王审琦的儿子，又让弟弟赵光义做了张令铎的乘龙快婿。宋太祖就是这样用酒宴解除了高级将领们的兵权，又用赏赐金钱和联姻手段消弭了他们的离心倾向，从而解决了宋代巩固政权统治中的一大难题。

上述故事主要取自司马光的《涑水记闻》，后李焘的《续资治通鉴长编》也作了详细记载，此外，宋人王辟之、邵伯温、陈均等也在其著作中记录了这件事。这样，人们就把它作为宋初一件重要的历史事件，认为宋太祖此举，非常成功地消弭了五代以来武将左右政权的祸患，为加强宋王朝的中央集权统治开辟了道路。几乎所有相关的历史书中，都一遍又一遍地重复着这个故事，史学界也很少有人怀疑。直到20世纪90年代，顾吉辰先生在排比和考证史料的过程中，对这一生动又带有戏剧性的历史故事提出了质疑。

到宋仁宗时，宰相王曾的《笔录》中，就出现了"杯酒释兵权"故事的雏形。不过，王曾是这样描述的：相国赵普屡以为言，宋太祖于是不得已召来石守信等宫中酒宴，谈到过去彼此亲密无间的快乐往事，就乘机明白告之："我与诸位，兄弟相称，义同骨肉，哪里有什么芥蒂？但是言官们进说不已，我也不得不有所考虑。以今天的情况讲，不如各位自选风水宝地，出守外藩，世袭官爵，而租赋所入，也足以自奉，这样优哉游哉地安度晚年，不亦乐乎？我后宫中有几个女儿，当与诸位的公子攀亲，以示君臣无间。诸位看如何？"石守信等都心领神会，叩首称谢。由是，石、高、王、魏诸人各归藩镇，俱蒙皇亲婚约。之后20多年，仍贵裔显赫。前人称后汉光武能保全功臣，也不过如此吧。

这段记载说明，宋仁宗时首次出现"杯酒释兵权"之故事，但其情节较为简略，没有后来那样充满着戏剧性的内容。直到宋神宗时，司马光的《涑水记闻》才出现了上述如此生动详尽，且充满着戏剧性的故事情节。就是说距离当事人的时代愈远，记载反而更生动详细。南宋初，李焘《续资治通鉴长编》中的有关记载，他在注中如此说明："此事最大，而《正史》、《实录》皆略之，甚可惜也，今追书。按司马光《记闻》云石守信等皆以散官就第，误矣。"

宋人王辟之、邵伯温、陈均等著作中相关记录，或录自王曾的《笔录》，或参考司马光的《涑水记闻》，或抄摘李焘的《续资治通鉴长编》。后元人编的正史《宋史》中的《石守信传》中的相关记载，也应来自李焘的《长编》。就是说，"杯酒释兵权"之故事主要来源于宋人笔记《谈录》、《笔录》和《涑水记闻》，而不是官方正式文书记载。

其次，"杯酒释兵权"故事之出现与记载在北宋中后期，似乎经历了一个从无到有，再从简到详的过程，同时各说之间增益补充、人为渲染，最终演绎出一个有声有色的戏剧化故事。可以说其故事约在宋真宗、宋仁宗时期出现，到宋神宗、宋哲宗年间完成，以司马光《涑水记闻》中的记载作为标志。北宋末、南宋初，王辟之、李焘等人又行摘抄，有的还擅自增添一些情节。但是，目前还不能定论。

宋真宗封禅泰山之谜

宋真宗即位之初，尚能广开言路，锐意进取，勤政治国，社会经济有所发展，出现了咸平年间的小康局面。但与辽订立"澶渊之盟"后，以纳岁币求苟安，施政方针也日益保守，且崇道信佛，劳民伤财。更令人不可思议的是，一国君臣有如一群患有臆想症的精神病人，共同演绎了几场"天书"、"封禅"之类的迷信闹剧。其中一些神秘细节的具体操作过程，将永远是宫廷历史之谜。

↑ 宋真宗赵恒

澶渊之盟后，宋真宗心情一直不好。一想到世人对其父宋太宗皇位合法性问题的非议，及对自己替代兄长继承皇位问题的种种看法，心里就不高兴。此时资政殿大学士王钦若又告诉他："城下之盟，《春秋》

所耻。陛下以万乘之尊而与辽国立城下之盟，难道还有比这更可耻的吗！"真是旧患未除，又添新耻，宋真宗心里就像吃了一只苍蝇，说不出来的窝囊和憋气，心病不轻。

王钦若揣摩到皇帝的心事，也为了迎合宋真宗好大喜功的心理，提出："只有封禅泰山，才能镇抚四海，夸示外邦。"宋真宗听了果然心动。而后，王钦若又告诉真宗："自古都是先有'天端'，帝王才行封禅之举，那么怎么求得'天端'呢？难道伏羲时真有所谓河图洛书吗？不过是圣人以神道设教罢了。天端虽非人力所为，但只要皇上深信而崇奉，以明示天下，则与天降祥瑞无异。"宋真宗又去问杜镐："河图洛书是怎么回事？"杜镐随口回答："就是所谓'龙马负图出于河、神龟负书出于洛'，其实都是古来即有的圣人设神道为教而已。"宋真宗听了，心领神会，决定施行。

宋真宗感到需要先将以宰相王旦为首的一批官员买通，让他们也心悦诚服地加入到这一剧情演员行列中，那戏才会演得逼真。王钦若去转达了宋真宗的有关"圣意"，王旦半信半疑地勉强表示顺从。不久，宋真宗召群臣欢宴，提出不分君臣而以主宾就座，知枢密院事陈尧叟、权三司使丁谓，及王旦、杜镐等大臣不敢，宋真宗说："今天只想和爱卿们乐乐，就不要讲君臣大礼了。"喝到高兴时，宋真宗命侍者给每人一个红包，打开一看，都是大颗珍珠。宋真宗请大家继续喝酒，说等会还有赏赐，席终果然还有良金重宝之赐。尤其是特赐给王旦御酒一樽，嘱咐回家与妻儿共享。王旦回府打开一看，见樽中都是亮晃晃的大颗明珠，联系到前些天王钦若传达的"圣意"，顿然有所领悟。

景德五年（公元 1008 年）正月初三的早朝上，内侍来报说宫城左承天门南角发现像书卷一样的黄帛有两丈多长，黄帛上隐约有字。宋真宗便向群臣讲了一个天方夜谭式的故事："去年十一月某日夜里，有神人来告，谓来月在正殿建道场一个月，将降下《大中祥符》天书三卷。联自十二月朔日已在正殿设了道场，恐内外起疑，所以未曾宣布。今日之帛书想必是天书下降了。"王旦带领群臣马上称贺。随后宋真宗率领众人来到左承天门，焚香望拜，让内侍上城楼取下"大一书"，由真宗跪受。"天书"上写："赵受命，兴于宋，付于恒。居其器，守于正，世七百，九九定。"其中"付于恒"，当然是指宋真宗赵恒，可见宋真宗即位是天命所归，且可传"世七百"，永葆宋柞。宋真宗大喜，把"天书"收藏于金匮之中，然后宴请群臣，令改元为"大中祥符"，"大中"有万事适中之意，"祥符"就是"大端"。接着大赦罪犯，官员普加薪体，京城放假 5 天，公费欢宴庆祝。并遣使祭告天地、宗庙、宫观，群臣也纷纷上表称贺，一场闹剧拉开序幕。

大中祥符元年（公元 1008 年）三月，兖州知州率千余人赴京上表，称天降祥符，万民称颂，请圣上封禅泰山，以报天地。宋真宗命朝臣讨论此事，众臣以为封禅泰山是帝王将自己统治天下的功德昭告天地的大礼，秦皇汉武都举行过这一大典，大宋建立以来，国泰民安，丰衣足食，天下大治，完全有必要举行这一大典。四月，又有"天书"降于宫中功德阁，进一步表明了天意。宰相王旦率领文武百官、外来使臣、僧道香寿等各界代表 2.4 万余人伏阀上表，请求真宗封禅。这样大规模的上请，竟达 5 次之多，这些老臣也的确配合默契。

宋真宗遂决定当年十月赴泰山举行封禅大典。在六月的一次朝会上，宋真宗又继续演绎着上回那个故事说："去年那位神人又托梦告知，将有'天书'降于泰山。"果然，王钦若上奏说，泰山下有酸泉涌出，泉旁的亭中有"天书"下降。于是群臣再纷纷上表称贺，乞加尊号"崇文广武仪天尊宝应章感圣明仁孝皇帝"，宋真宗拜受。至此，封禅的舆论准备，可谓相当完满。其他准备工作也正风风火火地进行着。

十月初四，以玉格载天书为前导，宋真宗赵恒率领封禅队伍浩浩荡荡向泰山进发了。大队人马走了 17 天，才从京城来到泰山脚下。仪仗、士卒遍列山野，两步一人，数步一旗，从山下一直排到山顶，其气势着实宏大。十月二十三日清晨，宋真宗赵恒在斋戒 3 天后，头戴通天冠，身穿绛纱袍，乘金格，备法驾，在众臣簇拥下，登上南天门，来到岱顶神庙。次日，举行隆重而繁琐的仪式，封祭上帝及五方诸神，礼毕下山。再以同样隆重的仪式，在杜首山祭地神。最后登上朝魏坛，接受百官、外使和众僧的朝贺，上下传呼"万岁"，震动山谷。然后大赦天下，赐天下大酺三日，各地举行公费宴庆。

十一月，宋真宗的大队人马还拐到曲阜拜谒了孔庙，加谥孔子为"玄圣文宣王"，命近臣分奠 72 弟子，然后参观了孔府，游览了孔林，赐钱300 万。以封禅礼成，诏改乾封县为"奉符县"。宋真宗还作《庆东封礼成诗》，令诸臣唱和，最后盛宴群臣。回到京城开封，诏定"天书"下降京城之日为"天庆节"，"天书"降于泰山日为"天贶节"，命文臣将其封禅泰山之行编成《大中祥符封禅记》一书。封禅大典前后历时 57 天，此后天下争言符瑞，群臣也争上表章，进献赞颂之词，举国如痴如醉。

大中祥符五年（公元 1012 年）十月，宋真宗又忍不住演绎上回的故事，还说那位神仙托梦，传达天帝的旨意："令先祖赵玄朗授你天书。"不久，这位先祖果然托梦告诫宋真宗："要善为抚育苍生。"宋真宗认下这位子虚乌有的先祖后，马上出台了一连串举措：一是命天下为圣祖避讳；二是为圣祖上尊号，并配上一位圣母；三是在京城建造景灵宫，供奉圣祖和太祖、太宗像，其规模仅次于太庙；四是在京城最大的道教宫观大殿里供奉玉皇和圣祖的塑像；五是下令天庆观增建圣祖殿，官员上任和离职都必须拜谒；六是命宗正寺修订皇室家谱，增入圣祖事迹。由是宋真宗带头撰写《圣祖降临记》、王钦若的《圣祖事迹》、盛度的《圣祖天源录》等也纷纷出笼。此后，宋真宗不断上演这一幕。

为了把以"天书"为中心的崇道活动搞得场面壮观，从大申祥符元年开始，真宗就在京城和全国大兴土木，营建宫观。其中最大的玉清昭应宫有2600多座殿宇建筑，役使数万工匠夜以继日，用了7年多时间才竣工，并动用了全国最好的建筑物资，其宏大豪华之规模，超过秦之阿房和汉之建章。次年，真宗又命令全国各州县都必须建天庆观，供奉三清玉皇，总数在千所以上。真宗还在寿丘(今山东曲阜境内)建景灵宫，有1320多座建筑，以供奉圣祖赵玄朗，又造太极观供奉圣祖母。由于曲阜太远，真宗不便亲致礼拜，就在京城也分别建造景灵宫和太极观。

乾兴元年（1022年），真宗去世，"天书"也随葬入陵，总算结束了长达15年的荒唐闹剧。真宗晚年已完全沉浸在这出自导自演的荒诞戏剧中，满口胡话，神魂颠倒。当然还有大量的必不可少的配角，才能把这场戏演得如此生动鲜活。其中王钦若、丁谓、林特、陈彭年和刘承规五位配角最为重要，他们相互勾结，行踪诡秘，号称"五鬼"，将朝政搞得乌烟瘴气。

那么，是什么魔力能动员起全国这么多的各阶层人士，最后完成这令后人深感可笑又可悲的荒诞闹剧呢？其中有多少人在不同程度的参与作假呢？多少人明知"天书"等符瑞吉兆有假，却依然崇信有加，痴狂不已？为什么此类文化现象能在中国历史上常演不衰？

成吉思汗陵墓在哪里

成吉思汗原名铁木真，1162年出生于蒙古部乞颜孛儿赤金氏的一个贵族家庭。经过多年征战，铁木真统一了漠北草原各部。1206年，他建立大蒙古国，尊号"成吉思汗"，蒙语意为"像大海一样伟大的领袖"。1227年，成吉思汗征讨西夏时死于军中，时年66岁。如今，西方很多崇拜者称其为"全人类的帝王"。

↑ 成吉思汗铁木真雕像

蒙古帝国的创始人，一代天骄成吉思汗，一生拉弓拔箭、戎马风云，不仅创建了有史以来疆域最大的中华版图，也给后世留下无数的猜想与谜团。尤其是成吉思汗之墓，更是雾中之谜，几百年来，后人到处探究至今一无所获。最近，一条爆炸性的新闻在国内媒体出现：

日本和蒙古联合考古队宣布在蒙古首都乌兰巴托附近发现了成吉思汗的墓地。消息一出，学者大惊，可靠吗？许多怀疑的目光集中到了"成吉思汗的陵墓到底在哪里"谜团中。

对于成吉思汗墓地的具体位置，多年来大致有四种说法：一是位于蒙古国境内的肯特山南、克鲁伦河以北的地方；二是位于内蒙古鄂尔多斯市鄂托克旗境内；三是位于新疆北部阿勒泰山；四是位于宁夏境内的六盘山。700多年来，一直没有找到成吉思汗陵的主要原因是元朝皇家实行的是密葬制度，即帝王陵墓的埋葬地点不立标志＼不公布、不记录在案。

在蒙古国肯特山的依据是，有关史料记载，成吉思汗生前某日，曾经在肯特山上的一棵榆树下静坐长思，而后忽然起立，对手下随从说："我死后就葬在这里。"南宋文人的笔记中也记载，成吉思汗当年在西夏病逝后，其遗体被运往漠北肯特山下某处，在地表挖深坑密葬。其遗体存放在一个独木棺里。所谓独木棺，是截取大树的一段，将中间掏空做成棺材。独木棺下葬后，墓土回填，然后"万马踏平"。在鄂尔多斯市鄂托克旗境内的依据将在后文中详细表述。

在新疆北部阿勒泰山脉所在的清和县三道海附近的依据是有考古专家在该地发现了一座人工改造的大山，推测有可能是成吉思汗的葬身陵墓。佐证之一是马可·波罗在他所著的《马可·波罗游记》中写道："在把君主的灵柩运往阿勒泰山的途中，护送的人将沿途遇到的所有人作为殉葬者。"

在宁夏六盘山的依据则是，有记载说，成吉思汗是1227年盛夏时，攻打西夏时死于六盘山附近。有考古专家据此认为，按照蒙古族过去的风俗，人去世3天内就应该处理掉，或者天葬，或者土葬，或者火化，为的是怕尸体腐烂，灵魂上不了天堂。因此，成吉思汗去世后就地安葬的可能性很大。

一位蒙古学专家预言：成吉思汗的陵墓里可能埋藏着大量奇珍异宝，里面的工艺品甚至比秦始皇陵出土的兵马俑还要壮观。这并非危言耸听，因为成吉思汗的陵墓里可能埋藏着他东征西讨，从 20 多个王国得来的无价珍宝，这也是吸引考古界多年来前赴后继、苦苦寻觅的原因。

据国内外多家媒体报道，2000 年 8 月，美国的探险家、亿万富翁穆里·克拉维兹率领他的由科学家、考古教授和翻译组成的考古探险特别小组，信心十足地来到乌兰巴托寻找成吉思汗陵墓。克拉维兹的计划起先遇到蒙古政府的抵制，后来他几乎拿出了自己的全部积蓄，在蒙古生活了 6 年，才说服了蒙古政府并吸引了两位著名的当地历史学教授加入探险。

2001 年 8 月 16 日，克拉维兹的考古队在乌兰巴托东北 300 多公里处的森林中发现了一个城墙环绕的墓地，里面包括几十座没有打开过的陵墓。探险队由此向外界宣布"找到了成吉思汗的陵墓"，但后来被证明是匈奴墓。

2002 年 4 月，这个考古队在蒙古首都乌兰巴托东北 322 公里处的肯特省巴士利特镇（音译）发现了一个由城墙环绕的墓地，里面至少包括 30 座没有打开过的陵墓。这个古墓被称为"非常可能是成吉思汗的陵墓"。然而，4 个月后，考古队突然放弃挖掘行动并撤出蒙古。有传言说，在考察过程中，美国考古队的一些工作人员被陵墓墙壁中忽然涌出的许多毒蛇咬伤，并且他们停放在山边的车辆也无缘无故地从山坡上滑落，所以考古队决定放弃挖掘。

因此有传言说是成吉思汗显灵了。不过，真实情况据说是考古队受到了蒙古政府和民间的阻止。因为按照蒙古的传统观念，挖掘土地会带来坏运气，而触动祖先的坟墓会毁灭他的灵魂。所以，当蒙古国民众得知这一消息后，纷纷强烈反对挖掘，蒙古国政府也勒令考古队停止挖掘并撤出那个地区。因此，主要投资者克拉维兹不得不宣布停止考察活动。

传说，成吉思汗下葬时，为保密起间，曾经以上万匹战马在下葬处踏实土地，并以一棵独立的树作为墓碑。为了便于日后能够找到墓地，在成吉思汗的下葬处，当着一峰母骆驼的面，杀死其亲生的一峰小骆驼，将鲜血洒于墓地之上。等到第二年春天绿草发芽后，墓地已经与其他地方无任何异样。在这种情况下，后人在祭祀成吉思汗时，便牵着那峰母骆驼前往。母骆驼来到墓地后便会因想起被杀的小骆驼而哀鸣不已。祭祀者便在母骆驼哀鸣处进行隆重的祭奠。可是，等到那峰母骆驼死后，就再也没人能够找到成吉思汗的墓葬了。

前不久，蒙古国总统巴嘎班迪接受中央电视台记者水均益采访时说："根据成吉思汗传承下来的一个遗嘱，也就是他去世时所说的一段话，他说，让他的陵墓永远不让世人知道。因此，我们遵循成吉思汗的这一遗嘱。成吉思汗的陵墓到底处在哪个方向、处于什么样的状态这一问题，应该就像你问的那样，使它永远成为一个谜底似的问题，使那些愿意猜谜底的人继续猜这个谜底吧。"

朱元璋籍贯在哪里

"说凤阳，道凤阳，凤阳本是个好地方，自从出了个朱皇帝，十年倒有九年荒。"自从这首歌谣在大江南北广泛传唱以后，明朝的开国皇帝朱元璋是凤阳人已经众所周知的了，就连《辞海》中也说朱元璋是"濠州钟离（今安徽凤阳东北）人。似乎朱元璋的籍贯已成定论。但事实上，至今在江苏的句容、盱眙、沛县等地，也流传着朱元璋是当地人的不同说法。究竟朱元璋籍贯在哪里。"龙"兴何处呢？

↑ 朱元璋画像

关于朱元璋的籍贯，赞同者最多的是"钟离东乡说"。据《明史》记载，"太祖讳元璋，字国瑞，朱姓。世家沛，徙句容，再徙泗州。父世珍，始迁濠州之钟离。生四子，太祖其季也。"朱元璋原本是沛县农民的后代，祖籍在沛今。北宋末年，金人南犯，住在沛县的一个名叫朱百六的穷苦农民家中，后来朱百六带着夫人胡氏和儿子朱四五、朱四九南渡长江，迁徙到了金陵句容通德乡的朱家巷落户，以种田为生。

朱四九有八个重孙，等到朱元璋出生时，取名重八。朱元璋长大以后，才给自己取了正式的名字叫兴宗，后又改为元璋，字国瑞。而他登基的年号是洪武，后人遂又称其为洪武皇帝，在凤阳一带，人们则称他为朱洪武。

自从做了皇帝，朱元璋出生的村庄就被尊称为赵府村，又称灵迹村或灵迹乡。据史书传言，朱元璋出生的时候有不少异象。就在他出生的前一天，母亲陈氏梦见正在屋子南边干活时，有一个头戴黄冠，身穿红袍，有着长胡子的道士从西北方向来，从院里一堆麦糠中取出一颗白药丸，给陈氏吃下，陈氏醒后嘴里还有一股香气，第二天就在二郎庙生下了朱元璋。二郎庙旁边的山冈亦得名为跃龙冈，又称孕龙基。万历三十年（公元 1602 年）曾在此立碑，上书跃龙冈，残碑至今仍在。据说朱元璋生下来时，红光耀天，映红了整个庙宇和附近的山，红光接连闪现了几天，人们都很诧异。朱元璋称帝后，就将那片山命名为明光山，至今安徽省有明光市和明光镇，地名便是来源于此。

当然，从今天科学的观点来看，这些说法都是后人附会上去的，目的自然是为了说明皇帝受命于天。事实上，真实的情况是，朱元璋出生时家境十分艰难，就连包裹婴儿的衣物也是从河里捞起的破红绸布，只是到了后来的传说中，就变成了附近二郎庙的和尚抱朱元璋在河里洗澡时，河中突然浮起一方红罗，便为他裹身，称为"红罗嶂"。对于"钟离东乡说"，一般在正史记载中都是持此说法，像明成祖时的大学士解缙著的《天演玉碟》和怀素的《皇陵碑》中也都如此认为。

　　第二种看法是清朝初期的大学者查继佐在私人撰写的明史《罪惟录》里提出的。他认为，朱元璋的父亲因为家道中落，迁徙到了江苏盱眙的五河乡，在这里生下了朱元璋，这就是"盱眙县五河说"。对这一假说，曾经有学者根据《县志》进行了考证，经过推断认定，在元代盱眙并没有五河这个乡，反倒是在盱眙邻近的今安徽境内有个五河县。

　　第三种说法认为朱元璋出生于盱眙县太平乡的明光山二郎庙旁，明人王文录写的《龙兴慈记》、高岱的《鸿猷录》及明清两代的《县志》都赞同这一说法，上面提到的许多灵异传说皆由此而来。作为证据，成于明朝万历年间的盱眙县志就自称为《帝里盱眙县志》，其首卷更是开宗明义曰《圣迹志》。这一说法虽与第一种"钟离东乡说"有出入，但事实上在明清时代，明光位于盱眙县与临淮县交界处，二地的连接非常紧密，因此也有可能在元朝时明光确实属于钟离东乡。不过问题是，根据谭其骧的《中国历史地图集》，明光在明清时期一直是在盱眙县境内，从未隶属过钟离，也即后来的凤阳。

　　根据几种不同说法综合分析推断，朱元璋的出生地在盱眙太平乡二郎庙附近似乎最为可信。这一带就是今天安徽明光市明东乡的赵府村，而不是钟离东乡即今天的凤阳东北。当时太平乡虽然属于盱眙，但是邻近钟离，所以后来朱元璋的父母很有可能带着他西迁到不远的钟离东乡。钟离作为朱元璋的崛起之地和父母葬地，只能算做第二故乡。朱元璋在为其父母作的《明皇陵之碑》中就称钟离是"寓居是方"，并且朱元璋父亲在盱眙居住了40多年，朱元璋本人又生在盱眙，从情理上说，他的籍贯应该是盱眙县太平乡。

　　以上都是以朱元璋的出生地为籍贯的争论。按照我国的历史习惯，籍贯指本人的原籍，一般都是按照祖籍去填写的，因此朱元璋的籍贯又有"句容说"。据学者介绍，20世纪80年代，曾有民间文艺工作者在江苏句容县收集到这样一首民谣，其中唱道："句容蛮，句容蛮，提到句容就胆寒，小小的神仙张邀遇，大大的状元李春芳，阴间的皇帝朱元璋，阳间皇帝张祠山。"

句容人百年来一直宣称朱元璋是他们本地人，这里所指的就是朱元璋的祖籍，是毋庸置疑的。1363年，朱元璋在句容立朱氏世德之碑，在碑文中他自称朱家出自金陵的句容，地名朱家巷，在通德乡，祖墓都在朱家巷。元初的时候，祖父朱初一作为淘金户赔纳不起官府的税负，而丢弃房屋土地逃离句容，去盱眙垦荒。到了明朝嘉靖年间，句容县通德乡朱家巷是朱元璋祖籍一事还被再次提出，并引出了一连串的动静，因为当时曾有一个句容籍的官员上奏嘉靖皇帝，说句容是皇上的祖籍，要求加封该地。

说到这里，我们还不能不提一下朱元璋的远籍。由于他出身贫寒，朱元璋能够上追的祖先只有五代，这对于普通百姓来说自然没有什么，但是，作为帝王之家，按照中国古代的礼制，皇帝要立始祖庙祭祀祖先，就必须追溯到远祖。据说在朱元璋做皇帝后，就曾有官员提出以朱熹（新安籍，今安徽徽州地区）为祖先。后来朱元璋接见一个新安籍的朱姓官员时，就问过他是否朱熹的后代，结果这个官员非常惶恐地说"臣自有臣祖"，言外之意是他与朱元璋不是同一个祖先，而新安朱姓均出自朱熹。为此，朱元璋很伤感，就将这一提法作罢。此事反映出在朱元璋的远籍问题上也存在着争议。

据有关学者们的研究介绍，朱元璋的远籍目前也有三种说法：一是沛地说，一是丹徒说，一是山东仙源说。

吴晗的《朱元璋传》认为朱元璋的较远的祖籍是沛县，至今在当地还有这样的说法，而较早在《明史》中也有明确的记载。这里的沛，据认为是指郡望，它源自汉代的沛郡，应是今天的安徽濉溪县西北一带。

明初解缙的《大明帝典》认为朱元璋"始居丹徒"，但是这一说法在清代潘怪章的《国史考异》中已经为人所辩驳，难以确证。

明朝承休端惠王的《统宗绳蛰录》，作为明宗室藩府的记录，它追溯朱元璋的祖先是"汉时山东兖州府仙源县兴贤乡人"。据今天的学者考订，仙源即今天的山东曲阜县境内。这一说法，因为从朱氏皇族的世系记述上看来龙去脉最为完备且详细，与朱氏世德之碑的记载也没有冲突，因此为不少学者所肯定。

籍贯是中国人尊祖敬宗观念体系中的一件大事，作为九五之尊的帝王，在籍贯问题上自然要慎之又慎，正因为如此，才会在朱元璋的籍贯问题上出现这么多的争论。

崇祯皇帝死于何地

北京景山公园内东边山坡上以前曾有一棵古槐，相传是明朝末代皇帝朱由检自缢的地方，这棵树后来在"文革"浩劫之中被砍掉了。现在公认的说法是，李自成率农民军攻入北京后，崇祯皇帝仓皇出逃，在煤山东麓的一棵槐树上上吊自杀。煤山就是今天的景山，但是有关崇祯自缢的具体地点，发现崇祯皇帝的过程，史书上有详细的记录。据载崇祯十七年（1644年）三月十九日中午，李自成率领农民军攻入北京，宣告了明王朝的覆灭。攻入北

↑ 崇祯皇帝画像

京的农民军直扑皇宫，对他们来说，还有一件重要的事情要做，那就是擒获崇祯皇帝，为自己的造反行动划上一个圆满的句号。然而，农民军搜遍皇宫却没有找到崇祯皇帝，拷问宫中的宫女、太监，也毫无结果，

崇祯皇帝就这样失踪了。对于李自成来说，虽然他已经坐在了崇祯皇帝的龙椅之上，但崇祯皇帝下落不明依然是他的一块心病。要知道，如果崇祯皇帝逃出北京城，以他对明朝残余力量的号召力，依然会对农民军造成极大的威胁，因此他自然是不能容忍崇祯皇帝生不见人、死不见尸的局面。于是他下令悬重赏，称凡是能够交出崇祯皇帝的人可得万金之赏，并可晋封为伯爵；而如果有人胆敢帮助藏匿，则要诛灭九族。到了二十二日，农民军在煤山上发现了几具自缢的尸体。据赵士锦《甲申纪事》说，起义军先是发现崇祯皇帝在煤山的松树（有些史书上称是槐树）下遗落的弓箭，然后就看到与太监王承恩对面而自缢的人，左手上写着"天子"二字，身穿蓝绸道袍、红裤，一只脚穿鞋，一只脚没有鞋子，头发散乱开来。经过宫中太监的辨认，确认此人正是崇祯皇帝。

有关崇祯皇帝在煤山槐树上自缢的记载，李清的《三垣笔记》中叙述最详尽而生动。据载崇祯帝在自杀之前，曾召集在宫中的妃嫔、皇子、公主等人，与众人对饮，然后在快三更天的时候，拔出自己的佩剑，让众人都自尽，以免落入起义军手中。于是皇后先自尽，之后其余的妃子或用剑自杀，或被崇祯亲自砍死，连他最疼爱的长女长平公主也被崇祯帝用剑砍断右臂，但倒地未死。然后，崇祯皇帝与王承恩一起带着宫内太监数十人，企图出城逃走，但没有成功。走投无路之下，只得重回宫中，最后在煤山古槐树下自杀身亡。据说这株老槐树还因此惹上了灾祸，清军入关后为崇祯皇帝发丧，并称这株古槐树有弑君之罪，于是下令以铁索环绕树身，以示惩罚。结果古槐树就这样戴了近300年的铁索，直到新中国成立后才恢复自由之身。然而古槐树的厄运并没有结束，文化大革命期间，一些造反派以古槐树与封建皇帝有牵连为由，将古槐树砍翻在地，可怜的古槐树就此成为这些"革命"小将的手下冤魂。

然而，对于崇祯皇帝吊死于煤山古槐树的说法，历来有着不同的看法。有人提出疑问，认为煤山本来就是皇室内苑，如果崇祯皇帝就吊死在煤山山坡那样明显的地方，怎么会搜寻3天才发现呢？据此有人就提出说崇祯吊死在煤山槐树上是不确切的。

《明史》中的《李自成传》、《王承恩传》及《明季北略》等各种史书证实，崇祯帝不是缢死在槐树上，而是自缢在"寿皇亭"中。当时的具体经过大体是：天还未亮时，皇帝在宫中前殿召集文武百官，却没有一人来，于是崇祯皇帝就遣散宫内的人员，和亲信太监王承恩一起登上万岁山即煤山的寿皇亭中。这个亭子刚建成，是为了检阅禁军操练而专门建的。走投无路的二人最后一同吊死在寿皇亭中。有关更详细的细节，各种记载中也略有不同，如《明季北略》中说二人吊死在亭下的海棠树下。

但是对于寿皇亭，也有人表示怀疑，并作了考证认为明朝景山并无寿皇亭的称呼，只有一个寿皇殿在山后（即今天的北京少年宫），而这个地方与史书记载的崇祯自缢之处相距很远。并且有人撰文提出，在景山之上，明朝并没有建筑，今天留下的5个亭子都是在清代乾隆时建的，因此这一记载是不确切的。明末亲历甲申之变的钱粤所著《甲申传信录》中还发现有这样的记载，说崇祯皇帝易袍履后与王承恩走到万寿山，在巾帽局里自缢而死，死于夜里子时。后人认为这一记载很符合崇祯皇帝在农民起义的浪潮中走上自缢之路的心理变化过程，因为崇祯皇帝一向刚愎自用，他的性格决定了他不会投降，也不会轻易去死的。所以他在京城旦夕可破之时，于三月十八日取太监衣帽化装后，企图从崇文门、正阳门、朝阳门、安定门等处逃跑，皆因守门士兵不知他是皇帝而被阻。逃跑不成，崇祯皇帝才在太监的陪同下跑到了巾帽局自缢。这个巾帽局是明朝宦官掌管的二十四衙门之一，专管宫内的靴帽制作，地处皇城东北角，是皇城内较偏僻的地方（在今北京东城区织染局胡伺东端）。

除了上述这些说法之外，还有一些不同的看法。黄云眉在《明史考证》中提出崇祯皇帝死于万岁山。万岁山，是元代至元四年筑的宫城，山在禁中，遂赐今名，就是今天北海的白塔山。《明亡述略》则说崇祯皇帝死于西山。而俞平伯在《崇祯吊死在哪里》一文中引用西方作家邓尼在《一代伟人》中记载明崇祯皇帝砍伤长公主事后则说，崇祯帝当时精神已经有些错乱，他出了宫廷后爬上煤山，在那里查看外国来的大炮，还给李自成写了血书，要求他不要欺压百姓，不要用那些背叛了的官僚，然后在看管园子人所住的小屋椽子上吊死了。

综合上述各种说法，关于崇祯皇帝之死的经过基本一致，所不同的只是自缢的详细地点，一说自缢于煤山树下，一说自缢于寿皇亭中，一说自缢于北海的白塔山，一说自溢于西山，一说自缢于巾帽局，一说自缢于管园人的小屋。根据目前公认的观点，自缢于煤山是比较可信的，也合乎情理的，但到底死于什么树下或亭子里，这就难以查证了。

努尔哈赤死于何因

　　努尔哈赤，姓爱新觉罗，号淑勒贝勒，明嘉靖三十八年（公元 1559 年）出生在建州左卫苏克素护部赫图阿拉城（辽宁省新宾县）的一个满族奴隶主的家庭。25 岁时，为报父、祖之仇，以十三副先人遗甲起兵，开始了他的戎马生涯。58 岁时建立了女真少数民族政权——后金。60 岁时正式开始向明朝宣战。短短八九年间，明朝在辽东、辽西的军事重镇大都落入后金军队之手。

↑　努尔哈赤画像

　　努尔哈赤所率领的八旗铁骑所向披靡，一路南下，马鞭几乎指到了山海关。但就在这时（公元 1626 年），68 岁的马上皇帝在宁远城遭到了明大将袁崇焕的顽强抵抗，兵退盛京（沈阳），不久便撒手人寰。

突然驾崩的努尔哈赤为自己的子孙们留下了未竟的大业，同时，也给后人留下了许多不解之谜。

明人张岱在其所著的《石匮书后集·袁崇焕列传》中记载，红衣大炮打死敌人不计其数，还击中了"黄龙幕"，伤一"裨王"。故军认为出师不利，用皮革裹着尸体，一路号哭着撤退了。金国平和吴志良据此分析，上述史料中提到的"大头目"、"裨王"即为努尔哈赤本人。

据史料记载，公元 1626 年，68 岁的努尔哈赤亲率 6 万大军（号称 14 万）南征，一路势如破竹，不战而得 8 座城池，很快兵临宁远城下。明朝宁远城守将袁崇焕严词拒绝努尔哈赤的招降，亲率兵民万人顽强守城。他们在宁远城上架设了 11 门红衣大炮（按本为红夷大炮，因清朝时少数民族入主中原，忌讳"夷"字，故称红衣大炮），随时准备迎接来犯之敌。这种红衣大炮的威力非常大，北京社会科学院满学研究所的阎崇年认为，这种红衣大炮为英国制造的早期加农炮，炮身长、管壁厚、射程远、威力大，特别是击杀密集的骑兵具有强大的杀伤力，是当时世界上最先进的火炮。

红衣大炮在宁远之战中确实发挥了它的极大威力。据史料记载，后金大军的攻城行动在明军猛烈炮火的攻击下严重受挫。宁远城下，八旗官兵血肉横飞，尸积如山。在攻城的第三日，后金便撤兵而去。在威力极大的西洋火炮猛烈攻击的情况下，作为后金统帅而亲临城下督战的努尔哈赤有没有受伤呢？对此，明朝和后金的史书中均无明确记载。资深澳门历史研究者金国平和吴志良两位先生在合写的《澳门与入关前的满清》一文中认为，由于对明军使用的新式火器毫无精神准备，宁远之战中努尔哈赤受伤的可能性极大。

经过潜心研究，金国平和吴志良终于从朝鲜人李星龄所著的《春坡堂日月录》中找到了一条明确记载努尔哈赤在宁远之战中受"重伤"的珍贵史料。据该书记载，朝鲜译官韩瑗随使团来明时，碰巧与袁崇焕相见，袁很喜欢他，宁远之战时曾把他带在身边，于是韩瑗得以亲眼目击这次战役的全过程。宁远战事结束后，袁崇焕曾经派遣使臣带着礼物前往后金营寨向努尔哈赤"致歉"（实为冷言讥讽），说"老将（按指努尔哈赤）横行天下久矣，今日见败于小子(按指袁崇焕)，岂其数耶！"努尔哈赤"先已重伤"，这时备好礼物和名马回谢，请求约定再战的日期，最后终于"因懑恚而毙"。这条史料明确记载努尔哈赤是在宁远之战中受了"重伤"，并由于宁远兵败，精神上也受到很大的创伤，整日悒悒不自得。在肉体和精神受到双重创伤的情况下，这位沙场老将终于郁郁而终。

令人不解的是，清代官书提及努尔哈赤之死时，都说他是得病而死，至于得的是什么病，则往往讳莫如深。对此，金国平和吴志良的分析是，努尔哈赤在宁远攻城战中中炮受伤，随后又受了袁崇焕的冷言讥讽，回到沈阳后一直耿耿于怀，怒火中烧，导致伤口恶化，后来前往清河汤泉洗浴，致使伤口进一步恶化，终于并发症而死。炮伤是努尔哈赤致死的最重要原因。大清一代开国君主竟葬身于"红衣大炮"下，为固军心，隐瞒、迟报主将伤亡乃古今中外兵法惯伎。因此，可以大胆推断，努尔哈赤在宁远之战中受伤后致死。在没有新资料以前，这一点似乎可为定论。

正在人们对努尔哈赤之死因不再提出异议时，清史专家李鸿彬在《满族崛起与清帝国建立》一书中，却对努尔哈赤炮伤而死论者的关键证据《春坡堂日月录》提出了质疑。

疑点一：既然朝鲜译官韩瑗都知道努尔哈赤"先已重伤"，那么守卫宁远的最高统帅袁崇焕就应更加清楚，何况袁崇焕还曾派遣使臣前往后金营中察看过呢。但是，无论是袁崇焕本人报告宁远大捷的奏折，还是朝廷表彰袁崇焕的圣旨抑或朝臣祝贺袁崇焕宁远大捷的奏疏，其中都只字不提努尔哈赤受伤之事。

疑点二：努尔哈赤战败于宁远，是 1626 年正月，至 8 月 20 日死，其间 8 个多月。从大量史料记载看，在这 8 个多月中，努尔哈赤并没有去治病，而是"整修舟车，试演火器"，并且到"远边射猎，挑选披甲"，积极准备再进攻宁远，以复前仇。4 月，他亲率大军，征蒙古喀尔喀。5 月，毛文龙进攻鞍山，后方吃紧，这才回师沈阳。6 月，蒙古科尔沁部的鄂巴洪台吉来朝，他亲自"出郭迎十里"，全不像"重伤"之人。因此，李鸿彬认为，努尔哈赤在宁远之战中有没有身受"重伤"，是不是"懑恚而毙"，很值得怀疑。那么，努尔哈赤到底是因何致死的呢?

李鸿彬认为，努尔哈赤回到沈阳以后，一则由于宁远兵败，赫赫有名的沙场老将败在初经战阵的青年将领手中，精神上受到很大的创伤，整日心情郁愤；二则因为年迈体衰，长期驰骋疆场，鞍马劳顿，积劳成疾。同年 7 月，努尔哈赤身患毒疽，并非炮伤，23 日往清河汤泉疗养。到了 8 月 7 日，他的病情突然加重。11 日，便乘船顺太子河而下，转入浑河时，与前来迎接的大妃阿巴亥相见后，行至离沈阳 40 里的地方死去。至于努尔哈赤的死因真相到底如何，还要等历史学家进一步探索。

Part 4

文臣武将之谜

《吕氏春秋》完成于何年

《史记·吕不韦列传》曾载："《吕氏春秋》布咸阳市门，悬千金其上，延诸侯游士宾客，有能增损一字者予千金。"这便是有名的"一字千金"之说。此书的编纂者吕不韦是卫国国都濮阳（今河南濮阳西南）人，早年通过经商成为大贾，"家累千金"。庄襄王作了秦王后，拜吕不韦为相，以酬谢其奔走请托的拥立之功。在秦执政期间，吕不韦不但学习信陵君、春申君的养士风气，还学习信陵君

↑ 吕不韦画像

使用宾客著书立说的办法，命宾客综合各派学说之长，编成《吕氏春秋》一书。

《吕氏春秋》分三部分，即《八览》、《六论》、《十二纪》，共160篇。

至今有关它的成书年代，大致有三种说法。

第一，作于秦八年说。在《吕氏春秋》的《序意篇》中，吕不韦说："维秦八年，岁在裙滩，秋，甲子朔，朔之日，良人问十二纪。"高诱注云："八年，秦始皇即位之八年也。"古人习惯将序作于书作成后，那么，吕不韦自说《吕氏春秋》成于秦始皇即位八年（公元前239年）当然可信。

第二，作于秦十年说。到了汉代，被誉为"良史之材"的著名历史学家司马迁对《吕氏春秋》作于秦八年之说提出了异议。司马迁在《史记·自序》中说："不韦迁蜀，世传《吕览》。"张守节的《正义》说："即《吕氏春秋》。"也就是说《吕氏春秋》成于"不韦迁蜀"之后。司马迁可以用其作《史记·吕不韦传》记载的吕不韦迁蜀的那一段历史证明自己《吕氏春秋》成书于秦十年后的观点，"秦王（秦始皇）十年（公元前237年）十月免相吕不韦，出文信侯（吕不韦）就国河南。岁余，诸侯宾客相望于道，请文信侯。秦王恐其变，乃赐文信侯书，其与家属徙处蜀。吕不韦自度稍侵，恐诛，乃饮酖而死。"司马迁在《史记·太史公自序》中又说："不韦迁蜀，世传《吕览》。"不韦迁蜀在秦十年之后，这一点是很清楚的，而这又与上所证吕氏之书成于秦始皇六年（即秦八年）之说不相符。

如此看来，《吕氏春秋》作于秦八年说当不该怀疑，因为作者吕不韦总不会像他的书中自嘲的《刻舟求剑》的人那样愚拙，搞错成书年代。而《吕氏春秋》作于秦十年说也有道理，因为地下发掘的史料总屡屡证实《史记》记载的正确性。再细细看看陈奇猷提出的《吕氏春秋》初作于秦十年的《〈吕氏春秋〉成书的年代与书名的确立》一文，却也说得不无道理，使人信服。究竟哪一个说法符合历史的真相，这还是一个尚未解答的难题。

韩信被诛之谜

韩信是楚汉之争中叱咤风云的人物。汉军得到天下其功不可没。他是当时首先提出了统一天下的重大决策人。他助刘邦经营汉中，平定关中地区；分兵往北扩张擒获魏王，夺取代地，击败赵国；向东进占领齐地；向南挺进垓下灭项羽……可惜的是如此一个战功显赫的汉开国元勋却落个被夷三族的可悲下场，成了主子刘邦的刀下鬼。

↑ 韩信画像

史书记载韩信被诛的原因是意欲谋反。但这一说法颇让人怀疑。不少人猜测这是刘邦和吕后一手造成的大冤案。是他们枉杀韩信的一个借口。早在韩信平齐败楚杀广田等将时，项羽曾派人游说韩信煽动他背叛刘邦，以"三分天下取其一"做诱饵遭到拒绝。齐人归通多次暗示韩信，若背叛刘邦则"大贵"，他毫不动心。辩士蒯彻在游说韩信脱离刘邦时曾给过韩信一次有力的忠告，提出"勇略震主者身危"、"功盖天下者不赏"。死死地追随刘邦不是件好事。韩信虽然内心犹豫却偏偏念着刘邦对他解衣推食的恩惠，以致"汉王待我甚厚""不忍背汉"，还自以为功高"汉终不亏我齐"。最终拒绝蒯通的建议。由此可见，韩信在有势力、有机会自己成就大业时没有想过背叛刘邦，更何况在刘邦建汉以后。

因为韩信手下有一个人犯了错误，韩信把他关起来了，准备杀头，这个人的弟弟，知道了这个情况后，就向吕后通风报信，说韩信准备谋反，吕后听后吃惊不小，这事怎么办啊？把相国萧何找来商量，萧何就出了一个主意，他自己去找韩信，说前方传来了捷报，咱们皇上打了胜仗，现在群臣都要到皇宫里去祝贺。古时候通信很差，前方有什么战事，韩信并不知道，萧何这样一说，韩信就相信了。但是韩信不去，说："你看我一直在生病，我这样一个不上朝的人，怎么能去呢？"其实好久以来韩信一直在装病，所以说不上朝。萧何回答："虽疾强入贺。"这意思是，你虽然有病，但你还是勉为其难吧。这么大的事情，大家都去祝贺，你不祝贺不好嘛。韩信觉得，这个实在是推托不过，勉强就答应进宫了。当时汉王朝的宫殿有两座，一个叫未央宫，是皇帝住的；一个是长乐宫，是皇后住的。因为当时吕后在主政，所以来到长乐宫，一进长乐宫，两边早就作了埋伏，很多壮士一涌而上，把韩信捆起来了。吕后也没有向刘邦请示、汇报，一方面也来不及，她当机立断，先斩后奏把韩信给杀了，"斩之于长乐钟室"。而且随即下令，逮捕韩信的家人，"夷信三族"。就是父族、母族、妻族，三族全部杀光。临死之前，韩信仰天长叹，他叹道："吾悔不用蒯通之计，乃为儿女子所诈，岂非天哉。"这句话的意思是：我后悔啊！我后悔当初没有听蒯通的建议，以至于落到今天这个下场，被小孩子，被女人所欺骗和谋杀，我真是追悔莫及！还有，当初把韩信推荐给刘邦的是萧何，现在把韩信骗来杀死的也是萧何，真所谓是"成也萧何，败也萧何"。

为什么当初韩信被捕后不经过大堂审问？还要采取近似暗杀的手段，斩韩信于长乐宫的钟室之内？就刘邦来说，多有负于韩信，且待韩信一直假意惺惺，时时提防。有人认为韩信自请为代理齐王有不轨之心。这样看未必武断。从当时战略考虑出发，齐为新地远在东境，面临强楚确实需要一个有一定身份的人压阵。再说一个功臣要些封赏无可厚非(刘邦因一个邻居关系就封过人家燕王，和韩信要求的比起来似乎不为过)。毕竟人都有名利的愿望，只是韩信不懂得在主子面前收敛自己；不懂得在适当的时机索取自己应得的那份酬劳。有杰出军事才能的韩信却是一个笨拙的政治家。司马光评价韩信："以市井之利利其身，而以君子之心望其人。"韩信以商人的心理乘机为自己谋利，以君子的心理要求刘邦报恩，在当时的那种要求以主子为马首是瞻的社会环境未免太难。由此可见，韩信的死已经是一种必然。无论其后来谋反事实与否。

在刘邦称帝之后。韩信更是狂妄自大，自持功高，庇护刘邦憎恶的项羽部将，不听差遣，羞于与绛侯周勃、将军灌婴同等地位，笑自己后半身与樊哙为伍。不难想象，种种迹象已经让刘邦生厌，难怪刘邦对他削兵权，减爵位，最终将这位如锋芒在背的危险分子引到洛阳，成功杀掉，剔除了自己眼中钉。这正印证了韩信自己喊的话，"狡兔死，走狗烹……敌国破，谋臣亡。"在乱世刘邦的大业需要韩信，但天下太平后他就是帝王权威的绊脚石了。

韩信过于张扬自我，不注意收敛，过于高功自居，目空一切。在以家天下的封建帝王时代，这种臣将犯君主大忌。这一切限制了在特定历史环境下的韩信清醒的认识时务，让他变成了一个不识时务的英雄。徒劳的成了刘邦在夺取天下后一只被舍弃的棋子。韩信的死是必然，是当时社会的必然！须不知自古"帝王多寡恩，功臣多负屈"！

霍去病死亡之谜

他17岁，两出定襄，功冠全军；19岁，三征河西，开疆拓土；21岁，统帅三军，纵横漠北。霍去病，一个代表着青春、勇武与奇迹的名字。他一生数次指挥大军与匈奴会战，每一仗均是深入险境，孤军奋战，每一仗均是以寡敌众，大胜而归！

然而，这位集万千宠爱于一身的天之骄子，却在他23岁的时候突然划上了生命的句号。仿佛一颗流星一般，划过夜空，耀眼夺目，但却匆匆而来，匆匆而去，千百年来使无数后人为之扼腕叹息！

↑ 霍去病塑像

与霍去病同一时代的司马迁在史记中对霍去病死后的葬礼描述得十分详细，从送葬队伍的出身来历到他们的衣着打扮，再到墓的形状，甚至连谥号的意义都做了解释，但却没有一个字提及为什么这个威名赫赫的无敌战将会在风华正茂之时早卒。霍去病的突然离世，对汉匈双方来说都具有极为重大的意义。

关于霍去病的死，朝廷肯定会对外公布一个死因，否则怎么向即将出征的将士们交待。然而司马迁居然将此遗漏掉了，他不厌其烦地详述霍去病的葬礼，却单单漏掉了最关键的主因，简直是不分轻重之至。2000多年过去了，后人似乎就更无法得知了，霍去病之死已成了千古之谜！然而后世却又忍不住对霍去病之死做出了种种猜测，最有分量的便是病死之说。

此说最早出自西汉时的褚少孙，他在建元以来侯者年表中有一段补记，借霍光之口说霍去病是病死，然而具体是什么病，没有记载。

这段话出自霍光上奏给皇帝的奏折，有案可查，褚少孙也没必要说谎，所以基本上可信的。这也就是说，官方说法是病死。霍去病远征匈奴归后，年仅23岁就病死了。这位年轻将领一向体魄壮健，英勇过人。但是就在远征归来后不久，突患暴病，可叹盖世英雄，却英年早逝。那么，既然并非远征受伤，夺取他年轻生命的暴病又是从何而来呢？在《汉书》本传中，记载："骠骑将军登临瀚海，取食于敌，卓行殊远而粮不绝。"据说他的部队几乎不带粮草，沿途依靠掠食匈奴牛羊补充给养。那么，霍去病会不会是远征中的饮食中染上疾病的呢？

在古希腊的《荷马史诗》中，有一个非常著名的"木马计"，说的是古希腊人将兵士藏在一匹巨大的木马中，故意让特洛伊人当作战利品带回城中，然后在半夜里，兵士们从木马中杀出，和城外的希腊人里应外合，攻破了特洛伊城。

这个木马计的故事早已为人们所熟知，但是，没有想到，我们中国的历史上，也有一个与马有关的巫马计！

何新（《匈奴对汉朝的生物战争及其历史后果》一文的作者）在编

制《汉武帝年表》时曾注意到，征和四年汉武帝在"轮台诏"中说：几年前匈奴将战马捆缚前腿送放到长城之下，对汉军说："秦人，你们要马，我送你们战马。"而所捆缚的这些战马，是被胡巫施过法术的马匹。所谓法术，当时称为"诅"或"蛊"。实际就是染上草原所特有、汉地所没有的病毒的带疫马匹。汉人将此马引入关后，遂致人染病。

迫于汉军持续的强大攻势，匈奴人很可能正是在武帝时代的汉匈战争后期，开始使用巫马计，展开了生物战。除了主动送巫马给汉军外，匈奴人还使用巫牛巫羊来污染水源。有史料记载："匈奴闻汉军来，使巫埋羊牛，于汉军所出诸道及水源上，以阻（诅）汉军。"那些巫羊巫牛都是被胡巫"施过法"的，汉军饮用甚至接触过被巫牛巫羊尸体污染的水源，就很可能会染上疫病，甚至夺取生命，如果疫病流行，汉军的战斗力就会大大下降。既然有死去的巫牛巫羊尸体，也就不排除被霍去病掠夺的牛羊等军资有被施过"巫术"的。由此看来，霍去病在对匈奴凌厉千里闪击中，很可能不慎染上了疫病，不幸成为匈奴人"生物战"的受害者。

汉武帝后期，似乎在印证霍去病的死与匈奴疫病的关联，国中数起大疫。有人认为当时人们称为"伤寒"的疫病，就是匈奴胡巫通过疫马和疫畜所施放的瘟疫。这种"伤寒"有两个病征，一是因发高热而苦寒，一是患者体有斑瘀（所以称为"伤"），死亡率很高。

由于缺乏有效抗疫手段，自武帝后期开始，从西汉中期直到三国、魏晋的200余年间，这种流行恶疫呈10～20年的周期反复发作，频频不已，绵延不断。

但是，很多人对霍去病因病而死提出质疑：霍去病是一员纵横沙场的武将，能骑善射，在战场上经常是一马当先，身体素质过硬，不可能体弱多病；23岁正是风华正茂之时，身体还处于上升期，也不可能是积劳成疾；若是有瘟疫，为何没有大面积蔓延？为何随同他一起征战漠北的将领没有染上？为何潜伏期会长达两年？病死之说很难令人信服，何况如果真的是病死，司马迁为什么不记？他为什么记了那么多细节却漏掉这个主因？

一个合理的解释是，病死之说只是一个托词，在当时根本就没有人相信，司马迁也不例外。他本着对史实负责任的态度，不将虚假的死因写在他的史书上。然而他既没有能力也没有兴趣去探究霍去病的真正死因，所以就形成了这样的一个空缺。

如果霍去病是非正常死亡，那么是谁杀了他？为什么要杀他？朝廷又为什么要掩饰？

翻开史记，千头万绪，仿似一团乱麻，无从下手，很多地方都解释不通。然而，如果能够找出一条主线，是否就可以将这团乱麻理清楚呢？答案应该是肯定的。

神秘的东方朔

东方朔是汉代政坛中的一个神秘人物，就好像是刘备身边的诸葛亮，朱元璋身边的刘伯温一样，深受皇帝的尊重与信任。他原本姓张，小名曼倩，但后来却又为什么又姓起"东方"来呢？原来他是一个"弃儿"，生父姓张，名夷，字少平，母亲田氏。当他来到人间刚3天，母亲就去世了。父亲觉得实在无法养活他，只好把他扔出了家门。当邻家听到婴儿啼哭声将他抱回来的时候，此时正值

← 东方朔画像

东方发白，于是便取姓"东方"，名"朔"。据说，东方朔生性滑稽，出语诙谐，举止荒诞，常给他的升迁带来麻烦，甚至引起人们的攻击，用"狂人"的称呼来侮辱他。但是看起来东方朔对这个外号却并不怎么在意，

反而还有一些得意呢！

他虽然在无知中就失去了亲生父母的爱抚，但在义母的精心抚养下茁壮成长起来了。刚满 3 岁，就显露出独特的性格。他记忆力特别强，而又富有好奇心，对周围的一切充满兴趣。尤爱"天下秘识"，"一览"就能"暗诵于口"，且又喜欢指天画地，像着了迷一样地独自言语。为了探索书中的奥妙和寻求未知的世界，小小年纪就敢离家出走，经月不回。义母虽曾严加管教，但这个放纵不羁的孩子，在猎奇心的驱使下，多次逃离家园，在外流浪，即使是被蚊叮蛇咬，狼追狗扑，也在所不惜。就是这样，东方朔渐渐地从苦难中挣扎出来，得到了足够的知识、胆识和体魄，就等着有伯乐来发现他这匹千里马了。这样的机会很快就来临了。

汉武帝继位初年，为了招揽天下贤才为自己的帝业效忠出力，便下了一道征召天下贤良方士和有文学才能的人的诏书。于是，四海有识之士纷纷聚集长安。他们殚精竭虑、洋洋洒洒向皇上进言，希望自己的言论能够被皇帝所赏识，进而分得个一官半职。机灵洒脱的东方朔当然也不会放过这个机会，他也给汉武帝上了一封书信。据说，这封上书足足用了 3000 片竹简，要两个人才能扛得起，武帝读了两个月才读完。在自我推荐书中，他毫不自逊地夸赞自己"身长九尺三寸，目若悬珠，齿若编贝"，是一个英俊潇洒的后生，具有勇、捷、廉、信的性格特征。即自诩有齐国勇士孟贲般的膂力，春秋时庆忌般的敏捷，齐国鲍叔般的廉洁，战国尾生般的信守，具备了成为"天子大臣"的条件。他还声称，自己大气早成，才学过人，说："我十三岁才读书，勤学刻苦，三个冬天读的文史书籍已够用了。十五岁学击剑，十六岁学《诗》、《书》，读了二十二万字。十九岁学孙武兵法和战阵的摆布，懂得各种兵器的用法，以及作战时士兵进退的钲鼓。这方面的书也读了二十二万字，总共四十四万字。"看起来他非常有自信地认为皇帝一定会对自己感兴趣的。果然，武帝读了东方朔自许自夸的推荐书，被他这种不亢不卑、大言不惭的自白，引起了好奇心，又很赞赏他的气概，所以就召他在公属中作了一个小官。过了一段时间，东方朔不满意目前的处境。因为他始终没有机会接近皇上，发表自己对治国的建议，施展自己远大的抱负，而且，生活待遇低下，每天都食不果腹。一天他出游都中，见到一个侏儒，就恐吓他道："你的死期要到了！"那侏儒问他这是为什么，他回答说："像你这样矮小的人，留下来根本毫无用处，要你们去种田吗？你们不能耕地扛锄，算不了一个好农民；叫你们去当官吗？你们没有理政、治民的本领；要你们去当兵吗？你们又不能横枪跃马、杀敌夺虏，留着你们对国家对社会都是一个累赘，不如统统杀了的好，这样可以减少一些只知伸手要吃、要穿的人。所以如今皇上一律要杀掉你们。"侏儒听后大哭起来。东方朔对他说："你暂时不要哭，皇上就要来了，他来了你就去叩头谢罪，也许还能得到宽恕。"一会儿，武帝真的乘辇经过这里，侏儒立即上前去哭着跪下，连连磕头。武帝觉得很奇怪，就问他："你为什么这样哭啊？"侏儒回答说："东方朔说皇上要把我们这些矮小的人全都杀掉！"

汉武帝这才知道原来是东方朔出的歪点子，就找他来责问。东方朔却振振有词地说："侏儒身长不过三尺许，他们一月能得到一袋口粮，还有二百四十钱俸金。他们撑饱了还有余有剩。我身高九尺三，每月也是一袋口粮、二百四十钱俸金，食不饱肚，衣不蔽体，这实在是不公平了。如果陛下认为我是一个可用的人才，就应该给予优厚的待遇才对。如果认为我是无用之辈，就应该早早遣散我回家。您怎么能忍心让我沦为长安城中的一名乞丐呢？"汉武帝听罢，哈哈大笑。不仅没有责备他，反而升了他的官，让他留在自己身边以备咨询。从此，东方朔的生活待遇得到了改善，更重要的是有了接近皇帝的机会。

据说，因为东方朔读的书很多，总是知道一些别人闻所未闻的稀奇古怪的事情。所以，武帝也经常找他来询疑解惑。有一次，皇宫的花园中忽然钻出一头奇怪的动物，有人向汉武帝报告，并引来一群人围观，但谁也说不清这是什么，于是只好诏见东方朔。狡黠的东方朔一看就知道答案了，但他却故弄玄虚地先提出个要求道："我知道这是什么动物，但陛下先赐给我美酒佳肴，我才愿说出来。"汉武帝满口答应了。等到他酒足饭饱之后，又提出一个要求道："某地有公田、鱼池、蒲苇数顷，陛下要是慷慨赐给我，我立即就说出来。"汉武帝急于要了解这头不知名的怪物究竟是什么，也就爽快地答应了。东方朔这才胸有成竹的说："这是一种名叫驺牙的动物。这种罕见的动物出现，说明远方必有来归附的人，所以驺牙先来预报。"汉武帝听了，若有所悟地点了点头。一年以后，果然有匈奴混邪王率领着将士10万前来降汉。真不知这是一种奇妙的巧合，还是真如东方朔所说这是一种预告迹象的动物。反正不管如何，这都博得了汉武帝的欢心，又赐给他很多钱财。

又有一天，汉武帝在宫里玩耍嬉戏，把一只壁虎放在盂盆下要大臣们猜是何物，大臣们都猜不出。东方朔上前猜道："这是龙吧，没有角；是蛇，却有脚，它会在墙壁上爬行，这不是壁虎，就是四脚蛇！"汉武帝便赐给他10匹缎子。接连又叫他猜，他都能猜中，得到很多的赏赐。真不知他到底是如何猜中的。

正是因为东方朔来自下层社会，接触面较广，加之又读过很多书，有着超人的见识，常能为汉武帝解疑答难，且性格活泼，出语诙谐，深得武帝的欢心。所以虽然他经常有一些行为不检的地方，但是武帝都会原谅他的过错。例如有一天，天气特别热，汉武帝下诏要官员们到宫里来领肉。官员都到了，可是等了好久，分肉的官员还未来，东方朔就自己拔出剑割了一大块肉，并对同僚们说："大伏天，肉容易腐烂，大家快快拿回去吧！"第二天，汉武帝很生气地对东方朔说："昨天赐肉，你为何不等诏书下来，擅自割肉归家，这是为什么？"东方朔却诙谐地说了一首顺口溜："朔来！朔来！受赐不等诏书下来，为何这样的无礼！拔剑割肉，为何这样勇敢！割得不多，为何如此廉俭！带回家给细君（即妻妾），又为何表现得如此的仁爱！"汉武帝听了，不但没有再生气，反而被他逗笑了，说："我要你作自我批评，你倒是表扬起自己了！"于是又赏赐给东方朔酒 1 石，肉 100 斤，让他都拿回家去孝敬老婆。

　　正是由于东方朔在许多时候能为皇上解难答疑，又很机敏灵活，汉武帝一直把他留在身边，他的官职也逐步由侍诏公车、侍诏金马门，直至太中大夫的很高职位。

诸葛亮的遗言之谜

诸葛亮的一生，鞠躬尽瘁，死而后已。他高尚的人品，杰出的才能，光辉的业绩与献身精神，在中国历史上留下了不朽的形象。千百年来，人们都把他当作智慧的化身，各种民间传说更把他描绘成"呼风唤雨，撒豆成兵"的超人。

然而，"金无足赤，人无完人"，诸葛亮也有一些做法让人非议，因此他的智者形象，不免受到了挑战，魏延被冤杀就是一例。

↑ 诸葛亮画像

魏延被杀一案，是蜀国最大的冤案。这起冤案的起因则是因为诸葛亮的遗言。

据《三国志》载："亮病困，密与长史杨仪、司马费祎、护军姜维等作身殁之后退军节度，令延断后，姜维次之；若延或不从命，军便自发。"显然是诸葛亮的遗言抛弃了魏延，从而导致原本就有矛盾的魏延与杨仪两人公开决裂，互告对方谋反。最后是两败俱伤。

诸葛亮的遗言是如何激化了魏延、杨仪二人的矛盾呢？请注意魏延的话："丞相虽亡，吾自见在。府亲官属便可将丧还葬，吾自当率诸军击贼，云何以一人死废天下之事邪？且魏延何人，当为杨仪所部勒，作断后将乎！"显然，第一，魏延认为，诸葛亮死后大军的指挥权应该交给自己；第二，应该继续北伐；第三，不能容忍受杨仪节制，替他断后。同时，"军便自发"，就是抛弃魏延，魏延不急才怪呢。

可见，诸葛亮的这一安排有几个重大问题。第一，诸葛亮病重之时，为什么不将魏延召至病床前？这样至少能够统一思想。第二，为什么要将指挥权交给杨仪而不是魏延？魏延是武将，官职又仅次于诸葛亮，按理应该交给他。即使不交给他，也不应该交给与他结仇的杨仪。第三，为什么要让魏延断后？

针对诸葛亮的这一安排，一些历史学家，例如张作耀先生也指出是诸葛亮和魏延的军事路线不同。以品三国而出名的易中天先生也讲，诸葛亮的想法就是赶快将大军撤回成都，至于魏延，就不去管他了。更有人指出，是诸葛亮有意要除掉魏延。但是，这些说法都还不是能让人特别信服。

此外，吕思勉等人就提出过一个假说，即诸葛亮没有发出这样的遗命。但是，正如易中天先生所言："可是没有证据啊。"

上面讲的都是大家知道的，下面我们就从另医学角度来分析一下诸葛亮是怎么死的。

据三国志记载："其年八月，亮疾病，卒于军，时年五十四。"请注意，"疾病"二字在古汉语中，不是一个词而是两个。一般来讲，"疾"是小病，"病"是大病。但如果这样理解，就不通了。"疾"在这里应该当作"快速"

来讲，也就是说，"突然得了重病"。此外，还应注意"其年八月"这4个字作为时间状语修饰的是整句话，不但包括了"疾病"，而且包括"卒于军"。因此，分析这段文字，我们就可以知道，诸葛亮从发病到病逝时间很短，最多不会超过一个月。

至于死因，公认的观点：诸葛亮是积劳成疾而死的。有人指出，诸葛亮因劳累过度，晚年很可能得了肺结核和肝硬化之类的疾病。因肺部疾病大咳血或肝硬化后期门静脉破裂出血以致死亡的可能性很大。但是，这种说法并不可信。因为，第一，肺病和肝病从发病到死亡的时间应该不会很短。第二，这种说法是建立在"诸葛亮就忧虑呕血而亡"的基础上的。然而，三国志上并无诸葛亮呕血的记载，呕血见于文学作品，不足为信。

那么诸葛亮究竟是怎么死的呢？既然大家都承认他是因为积劳成疾而死的，为什么想不到一个大家再熟悉不过的名词"过劳死"呢？何谓"过劳死"？"过劳死"是源自日本的一种现代特殊病，因为工作时间过长、劳动强度加重、心理压力过大、存在精疲力竭的亚健康状态，由于积重难返突然引发身体潜藏的疾病急速恶化，救治不及，继而丧命。有人将它定义为由于长期慢性疲劳而诱发的猝死。目前的医学研究认为，过劳死直接死因的前五位为：冠心病、主动脉瘤、心瓣膜病、心肌病和脑出血。请注意，这些病一旦发作，不是立即死亡，就是神智不清，根本就没有时间留下什么遗言，更谈不上让魏延过来。

好了，现在真相大白：诸葛亮北伐途中，突发心脏病或脑溢血而亡，杨仪等六神无主，只好假传遗命撤退，并趁机将魏延逼死。

钱王凿了多少井

杭州延安北路有一条古巷，名百井坊巷，据说是五代吴越国王钱镠（公元852—932年）在杭州建都时，在这附近开凿了100口井，故名百井坊。自宋至清各代编写的浙江和杭州地方志上都有钱王井的记载，影响颇大，但究竟钱王凿了多少井？为什么要在这一地区开凿这么多井？历来说法不一。

钱王究竟凿了多少井，各志所载不一：

一、宋代《梦粱录》卷十一记载："祥符寺中向吴越王于寺内开井九百九十眼，后改创军器所堙塞，仅存数井耳"；《咸淳临安志》第三十七卷山川十六，"祥符寺井"条中记载与《梦粱录》相同。

↑ 钱王雕像

二、明代《西湖游览志》卷二十一记载：祥符寺"其广九里，子院有千佛阁、诸天阁、戒坛院，内有铁塔一、石塔四，钱王所凿九十九眼井"。成化《杭州府志》载："吴越王开井凡九十九眼，今堙塞，仅存数井。"

三、清代康熙间编撰的《仁和县志》说："戒坛院在祥符桥，日久寝废，只有钱王井，铁塔基，明万历间经略宋应昌续建，僧广泰住持。"光绪《龙兴寺志》记载："吴越钱王宝正六年浚中兴寺戒坛院井，井九十九眼，号钱王井。"接着又说"则九十九是眼数非井数"。

四、民国年间钟毓龙编写的《说杭州》第四章第六节"钱王井"中记载："钱王井在城内祥符桥北，亦称祥符寺井。相传吴越钱王曾开井于此，凡九十九眼。今其他曰百井坊巷。以成数言之也。宋室南渡后，为御前军军器所，逐渐塞之，仅存三眼，相去各数十步。按此说甚可疑，曰九十九眼，则是一井而有九十九眼，非九十九井也。一井而有九十九眼，占地当甚广。不知当时其井阑如何措置？此可疑者一。当时人民虽苦斥卤，争汲甘泉，然开数眼多至十数眼，亦至九十九眼，岂非无谓！此可疑者二。且眼殊而井则同，一眼塞即影响于他足以给矣，乃眼，乃塞之九十六，其井犹不淤填，仍有三眼之存留，此可疑三也。"

祥符寺在祥符桥畔，即今杭州延安北路西侧，始建于梁大同二年（公元536年），旧名发心寺，唐贞观中改为众善寺，神龙初改名中兴，后又改龙兴。宋真宗时，改为大中祥符寺。吴越王钱镠于宝正六年（公元931年），在寺内开凿百井，各志均有记载，这个事实已无可非议，问题是为什么钱镠要在这方圆一千米的寺内开凿如此众多的井，考查古今有关史料，所说也不一样，并且也都没有说清楚。归纳起来，有以下几点：

（一）秦时，杭州市区还是一片汪洋，以后逐渐成陆，因此居民苦斥卤，水咸难饮，唐代李泌开六井引西湖水入城，钱王又凿百井，以解决居民饮水问题（《杭州坊巷志》）。

（二）当时的祥符寺是杭州城内最大的古刹丛林，寺基广袤九里有奇，这样大的寺庙僧人执事相当多，吃水问题，只好仰仗于凿井。楼钥《武林山》诗说"吴越大筑缁黄庐为穿百井。"

（三）当时这一带人口稠密，是钱江县（北宋时改仁和县）县治所在地，再加上吴越王在都城的六大兵营之一的"福州营"又驻扎在这附近。《祥符古志略》载："吴越王所凿井，散在寺内及民家。"

南宋初年，金人南侵，祥符寺被毁，后又改为南宋御营军军器所，钱王井多被湮没，至元二十一年（公元1284年），僧人庵吉公重修祥符寺时，请郡府发还地券，"有司覆验得铁塔一，石塔二，古井九与图志合，知为寺之旧址无疑，乃给券书"。（成化《杭州府志》、光绪《龙兴寺志》）这就是说，到了元初，钱王井还存八口（另一口为前殿之观音三昧井）。以后自明至清，祥符寺兴废不常，屡毁屡建。据《仁和县志》记载，康熙间重修祥符寺，钱王井仅存三口，这三口井保存到清代末年；同治十年（公元1871年）对钱王井进行了一次淘浚，并在四周筑就土墙（《龙兴寺志》）。民国以来，逐渐埋没了。直到1984年8月，在杭州市文物普查时，经过多方调查考证，有关专业人员鉴定，查出了现在延安路北西侧人行道上的古井即为1000多年前吴越钱王所凿的钱王井之一。解放前此处为祥符寺巷，井名"铁甲泉"，水质醇厚、味甘，虽大旱而不涸。是杭州市内少有的甘泉，至今仍为杭州人民造福。现已有杭州下城区人民政府进行修葺，并在井旁树立了石碑，供游人参观。

钱王凿井距今已经1000多年了，但当时究竟开凿了多少口井，是99口，还是100口？是虚数，还是实数？是井数还是眼数？至今没有结论。还有，偌大一个杭州城，钱王为什么要在这区区一方之地开凿那么多井？原因何在？查清这些问题对于研究吴越文化和古代杭州城市的发展，都有一定的意义。

包公两墓之谜

　　河南省巩义西南有北宋王朝 9 个皇帝的陵墓，习称"巩义宋陵"，是闻名遐迩的旅游胜地。其中宋真宗的永定陵附近，有一座高约 5 米的圆形冢墓，就是世人熟知的陪葬真宗陵侧的包公墓。在影片《少林弟子》中，当观众看到洪家班姐妹被恶霸豪强逼迫至少林寺附近的包公墓前时，银幕上赫然出现了用颜体书写的"宋丞相孝肃包公墓"几个大字的巨碑。此时此刻，绝大多数观众都相信包公是长眠在这里了。

　　然而，这很可能是历史的谬误。

　　据考古界报道，包公及其夫人墓、长子夫妇墓、次子夫妇墓、孙子墓，十几年前都在安徽省合肥市东郊大兴乡双圩村的黄泥坎发掘出来了。淝水岸边出土的墓志铭确凿地记述了包公的生平，补充和修正了一些史实。包氏族墓及墓中出土的其他珍贵文物，既为史学界、文学界进一步研究包公的历史与传说提供了宝贵的资料，也为研究宋代的政治、经济和文化生活提供了难得的实物资料。

　　一个包公，为什么两座墓葬？如果合肥包公墓是"真"的，那么巩义的包公墓是怎么回事？

　　包公是我国古代一位杰出的政治家，姓包名拯，字希仁，祖籍庐州

（今安徽）合肥。宋仁宗天圣五年（公元1027年）考取进士甲科，从而走上仕途，由建昌、天长县令而历任工部员外郎、枢密副使、朝散大夫，直至封为东海郡开国侯而病逝，终年64岁。

从《宋史》的记载及一些宋元野史材料来看，包拯其人在出任县令至枢密副使的一生中，秉性刚毅、处事严明，重视调查研究，坚持惩恶扶善，深得下级官吏和百姓的好评。在合肥出土的包拯墓志铭中，也记载了他以大义为重，不惧贪官豪强，并敢于上书皇帝查办枉法权贵的事迹。他策论国事能高瞻远瞩，讲究让百姓"衣食滋殖、黎庶蕃息"，主张"薄赋敛、宽力役、救灾患"。在他管辖过的地区，不断修改地方法制，一方面废除了一些苛捐杂税；另一方面加强市场管理、惩办贪官污吏，以增加国库收入。他重视调查研究，执法如山，自身清白廉洁，不谋私利，因而得到人民群众的尊敬与赞扬。

包拯所处的时代，正是北宋王朝由盛转衰的阶段。北方契丹族建立的辽王朝屡次兴兵南犯，宋朝统治者却只求歌舞享乐。后来南北议和，边境没有多少战事了，从中央到地方的官僚地主更加在歌舞升平中沉沦，毫无富国强兵之念。日趋腐败的吏治造成了大批冤假错案，百姓怨声载道。在那黑暗的社会中，人世间魑魅横行，群众有苦难伸。在这种社会背景下，包公的所作所为，必然有口皆碑。合肥包公墓志为当时枢密副使吴奎撰写，称他"其声烈表爆天下之耳目，虽外夷亦服其重名。朝廷士大夫达于远方学者，皆不以其官称，呼之为'公'"。这就是包公的由来，可知"包公"是包拯在世时人们对他的敬称。

真正的包公墓在合肥市东郊，已成定案，这不仅有考古发掘的材料为确证，而且有宋代庆元年间淮南西路安抚司干办公事林至撰写的《重修孝肃包公墓记》等文献为印证。河南巩义宋陵中的包公墓虽然冢大碑高，也必然是一个"假"墓。但是，问题并不这么简单。

因为，在合肥包公墓正式考古发掘之前，人们普遍认为巩义包公墓是"真"墓，不仅有很高的封土和墓碑，而且地方史志均有记载。明代嘉靖三十四年（公元 1555 年）修《巩县志》即载，包拯墓位于县西宋陵中。清代顺治以后各时期版《河南通志》皆承袭旧说，可见明初就已存在这个包公墓，至少经历五六百年。现在，人们不禁要问：巩义包公墓究竟修于何时？为什么要建这个包公墓？里面到底埋葬着什么？它和合肥墓是什么关系？

这一系列问题，至今尚难以回答。

巩义包公墓修于何时，很难考证。现存关于此墓最早的记录是明朝嘉靖年间的县志，可知修建的时间不晚于明代中叶。元、明两代史籍对此均无说明。既然如此，为什么要修这座墓，里面究竟埋葬着什么也就无从得知了。

包公为什么两座墓？是"千古之谜"。而合肥包公墓地出土的材料同时又给历史学家们提出了许多新的问题，成为"谜中谜"。比如，在墓地中轴线的西南部，有一较大的封土堆，高约 4 米，底径 10 米，整个外形略大于包拯夫妇迁葬墓。从这个封土堆的地表再往下深挖 3 米，都是一色的生土，可知这个土堆是典型的"疑冢"。包公墓为什么设此"疑冢"？它是什么时代修建的？实在耐人寻味。又比如，嘉祐三年（公元 1058 年）包公 60 岁的时候，在皇帝面前声称自己"无子"，而就在这时他把自己一个已怀身孕的小妾孙氏遣送回了娘家，孙氏生子包绶，包公仍十分歧视，而由包公长媳崔氏暗地关照，后又力排众议帮助孙氏抚养。此事对于包公虽属瑕不掩瑜，毕竟很难理解，可算一桩"疑案"。再比如，包公戏曲中多有他为严守法纪而惩治皇亲国戚的故事，但墓志铭却记载包公本人即为"皇舅"，其中关节，至今鲜为人知。

泖水岸边，包公墓已见天日；嵩山北麓，包公墓依然高耸。一个包公，两墓遥望，给我们带来很多联想，等待我们去进一步弄清其中的奥秘。

和珅是真的死于贪污吗

清朝第一贪官和珅因贪污受贿聚敛了大量财产，数目之多令人吃惊。于嘉庆四年被抄家，定赐死之罪。然而，和珅真的是死于贪污之罪吗？

据历史记载，和珅属满族正红旗人，先世并不显赫，乾隆三十四年（公元1769年）充任三等侍卫。侍卫一职起源于宋代，当时由兵马司管辖和挑选。但到了清代却有了根本变化。为了维护满洲人的统治排除汉人，因此决定由满洲王公大臣中有能力的子弟及武进士充任，其职责是皇帝的侍卫。由于他们总是陪伴在皇帝左右，所以最容易受到宠信，

↑ 和珅画像

因此许多重臣将相都由皇帝直接从侍卫中任命。和珅虽然才华并不出众，但长得仪表堂堂，据说正是这一点才被乾隆选中，被任命为三等侍卫。由于在众多侍卫中，和珅最能体察"圣意"，顺应"圣意"，并事事都能够让乾隆皇帝这位好大喜功、性喜奢靡、浪费无度的皇帝感到满意，所以深得乾隆皇帝的喜欢。和珅从而步步高升，直至文华殿大学士。

正史记载，和珅是因为贪污才被嘉庆皇帝赐死的。其实，嘉庆皇帝早就对和珅不满了，因为他事事都要提及"太上皇"（即乾隆皇帝），让嘉庆皇帝办事感到棘手，甚至要见一见父亲也需经和珅"批准"。

据李伯元《南亭笔记》中描述，嘉庆皇帝欲除掉和珅是早有打算的，而且历史事实与此也十分接近。据史载，乾隆皇帝于嘉庆四年（公元1799年）正月初三去世，和珅次日就被软禁，接着大臣们弹劾他的奏章也纷纷呈上。没过几天，和珅便以20条大罪被捕入狱。由此可见，和珅真正被赐死的原因很可能不是什么贪污受贿，但也不能就此肯定是嘉庆皇帝故意要整他，也许这里的真正原因只有嘉庆皇帝自己心里清楚。